Dr. Oscar Jäger

Marcus Porcius Cato

Dr. Oscar Jäger

Marcus Porcius Cato

ISBN/EAN: 9783743433724

Hergestellt in Europa, USA, Kanada, Australien, Japan

Cover: Foto ©ninafisch / pixelio.de

Manufactured and distributed by brebook publishing software (www.brebook.com)

Dr. Oscar Jäger

Marcus Porcius Cato

Marcus Porcius Cato.

Von

Oskar Jäger,
Direktor des K. Friedrich-Wilhelmgymnasiums zu Köln.

Gütersloh.
Druck und Verlag von C. Bertelsmann.
1892.

Der römische Mann aus dem Volke, den wir der glänzendsten Erscheinung, ja in gewissem Sinn dem Vollender des Griechentums, Alexander von Macedonien gegenüberstellen wollen, M. Porcius Cato, war im Jahre 234 v. Chr., 520 nach Gründung der Stadt, wie die Römer zählten, geboren, also gerade 100 Jahre nachdem Alexander der Große seine große Eroberungs-Heerfahrt begonnen hatte. Seine eigene Nation hat diesen Mann in den späteren Stadien ihrer Entwicklung als vollendetes Musterbild des Altrömers aufgefaßt: uns Späteren, die wir nach Typen für die großen weltgeschichtlichen Nationen fragen, vergegenwärtigt er die römische Art überhaupt, und zeigt durch sein Bild und Beispiel, durch welche Tugenden und Kräfte, auf wie mühsamem Wege, durch welche Einseitigkeiten dieses römische Volk dahin gelangt ist, die „Herrschaft über Land und Meer" dauernd zu erringen, welche jener große Herakide, dessen Leben wir diesem römischen gegenüber stellen wollen, einige wenige Jahre oder eigentlich nur einige wenige Monate besessen hat.

Denn das zeigte sich in den Kämpfen nach Alexanders Tod — den großen Leichenspielen, wie der Sterbende selbst, in die Zukunft schauend, mit einem Bild aus dem Vorstellungskreise der Ilias sich ausgedrückt haben soll — sehr bald, daß jener Eine Stärkste, welchem er die Nachfolge im Reich verhieß, nicht unter seinen Generalen und nicht unter denen, welche die Geburt ihm nahestellte, zu finden war. Jener Stärkste war vielmehr an ganz anderer Stelle herangewachsen, in einer Landschaft Italiens, die, soweit man überhaupt dies wahrscheinlich finden darf, doch nur ganz flüchtig in den Gesichtskreis Alexanders getreten ist, in einer Lage und Umgebung, wo dieser seine Nachfolger und die Erben seiner großen geschichtlichen Mission nimmermehr gesucht haben würde. Dieser Erbe war die Stadt Rom an der Tiber, welche in dem halben Jahrtausend ihres Bestehens eine ansehnliche Föderation um sich gesammelt hatte, und so eben, durch Besiegung Karthagos in einem 23jährigen Kampfe, die unzweifelhafte Hauptstadt Italiens und damit auch die erste Macht im Westen der geschichtlichen Welt, d. h. der Mittelmeerländer, geworden war. Das Leben des M. Porcius Cato umfaßt die 80 Jahre, in welchen diese Stadtrepublik, nachdem sie noch einmal um ihr Leben hatte kämpfen müssen, die beherrschende Großmacht der damaligen Welt wurde — begreift also die unzweifelhaft interessanteste Periode einer Geschichte ohne gleichen. So fesselt dieses Menschenleben, in welchem große Weltgeschicke ihr Licht und ihren Schatten wechselnd hervortreten lassen, von vornherein die Aufmerksamkeit des denkenden Betrachters.

1. Catos Jugend und kriegerische Laufbahn bis zum Eintritt in den Senat.
(234—203 v. Chr.)

Zu Tusculum, einer alten Latinerstadt, die etwa 5 Meilen von der Hauptstadt entfernt an der latinischen Straße lag und schon seit lange (379) das römische Vollbürgerrecht besaß, war Cato geboren. Die Porcier waren ein plebejisches Geschlecht, der Vater Grundbesitzer mittleren Vermögensstandes, im Sabinerland begütert: in harter Arbeit an wenig ergiebigem Boden, in der Einfachheit bäuerlicher Sitte, für welche diese Landschaft noch in späten Tagen berühmt war, wuchs der Sohn heran und es ist anzunehmen, daß er neben dem, was der Vater und das Haus ihm zu bieten hatte, zu Tusculum einen elementaren Unterricht, Lesen, Schreiben, Rechnen, genossen hat: nicht allein, daß in alten Erzählungen von einer solchen Schule zu Tusculum ausdrücklich die Rede ist — wir wissen auch, daß der Wert und die Unentbehrlichkeit dieser elementaren Kenntnisse überall im damaligen Italien anerkannt war und daß diese Kenntnisse auch in tieferen Schichten der Bevölkerung als die war, der Catos Familie angehörte, verbreitet gewesen sind. So wenig uns in ausdrücklichen Worten und bestimmten Notizen von diesem Jugendleben überliefert ist, so können wir doch unschwer uns die Eindrücke vergegenwärtigen, durch welche es vorzugsweise bestimmt wurde. Die altitalische Sitte waltete noch ungebrochen in diesen ländlichen Häusern: einfach schlichte Ausstattung, keine Teppiche, kein Luxus außer dem silbernen Salzfaß, dem bescheidenen Stück Opfergerät, aus welchem dem Hausgott, dem Lar familiaris, geopfert wurde, dessen kleine Statue in der Nische neben dem Herdfeuer, im Hauptraum der Wohnung, dem Atrium steht; zwei Gänge bilden die Hauptmahlzeit, das Brot wird im Hause

gebacken; das Leben fließt in streng geregelter Arbeit dahin, welche die
Söhne und die Knechte — deren wir etwa ein Dutzend für ein Gut
wie das catonische anzunehmen haben werden — nach der Anordnung
des Hausvaters vollziehen, dessen Wort eine unbedingte Autorität hat.
Von Erziehungskunst, von Gymnasien nach Griechenweise, von ästhetischen
Momenten, von Pflege des Schönen weiß man hier noch nichts: die
Arbeit selbst erzieht, indem sie die Körperkraft stählt und das Leben
regelt. Der Sohn weicht dem Vater kaum von der Seite und wächst so
unvermerkt in dessen Anschauungen, Lebensgewohnheiten, Kenntnisse und
Art des Handelns hinein. Nicht dieser allein aber, so groß sein An=
sehen ist, bestimmt Geist und Bildung des Hauses, in welchem anders
als bei den Griechen der Mutter, der Frau, ihre natürliche durch
Sitte herrschende Stellung gewahrt ist; eine Art von Etikette regelt
den Verkehr der Familienglieder und der dem Hause zugehörigen
Verwandten. Diese Sitte steht unter dem Schutz und Zeichen der
Religion: von der Geburt bis zum Grabe begleitet oder durchdringt sie
das Leben; die Einförmigkeit der täglichen Arbeit unterbricht sie mit
reichlichen Opferhandlungen und häufigen Feiertagen. Aussaat und
Ernte, alle die verschiedenen Gottheiten, von deren Hilfe das Gedeihen
des Ackers abhängig ist, — von den großen Gottheiten an, welche
Sonnenschein und Regen spenden und über Krieg und Staat walten,
Jupiter und Mars, bis herab zu den Göttern und Geistern des
Fiebers, der bösen Luft, des Stalles, des Düngerhaufens, haben sie
alle ihren Ehrentag und ihr Gelegenheitsopfer und man teilt mit
ihnen nach billigem Maßstab, was Acker und Herde spenden. Zu
erzählen, dichterisch zu erzählen giebt es von diesen Göttern wenig
oder nichts: die Furcht oder der Respekt, den man ihnen zollte, war
von jener gediegeneren und gebundeneren Art, welche das freie Spiel
der Phantasie, die Märchen= und Mythenbildung ausschließt. Ganz
ungebrochen aber war doch diese altitalische Religiosität insofern schon
nicht mehr, als der überlegene, gestaltenschaffende griechische Genius
der wenig regsamen Phantasie dieser italischen Stämme zu Hilfe ge=
kommen war. Dieser griechische Einfluß war alt. Schon in den frühesten
Erinnerungen oder Vorstellungen, welche im römischen Volke von seiner
eigenen Vergangenheit lebten, spielte er seine Rolle, aber er war seit Alex=
ander des Großen Zeit und seitdem Rom gegen einen seiner Epigonen,
König Pyrrhus, und gegen das großgriechische Tarent siegreich Krieg
geführt hatte, außerordentlich gestiegen. Ein griechischer Mann, der im
Jahre 272 als Kriegsgefangener mit der übrigen Kriegsbeute aus Tarent

1*

nach Rom gekommen war, Andronikos, oder wie er nach seiner Freilassung mit dem Namen seines Patrons hieß, Livius Andronikus, hatte die Odyssee ins Lateinische — den einfach und eintönig in Trochäen gehenden saturnischen Vers — übersetzt, und es ist wenig gewagt zu vermuten, daß auch Cato mit Hülfe dieses Schulbuchs vielleicht von irgend einem namenlosen Landsmann des Andronikos die ersten Anfangsgründe der Weltsprache gelernt hat, die ihm in spätern Tagen zum mindesten soweit geläufig war, als sie es jedem Römer sein mußte, welcher zur leitenden Klasse gehörte und Anspruch darauf erhob, nicht bloß mit seiner Hände Arbeit, sondern mit seinem Geist und seiner ganzen Persönlichkeit dem Staate zu dienen.

Dieser leitenden Klasse aber gehörte Cato an. Wir wissen, daß sein Urgroßvater zu Pferde gedient hatte, fünf Pferde, mußte man am Familienherd zu erzählen, seien ihm in den Kämpfen der Republik, also wohl in den zahllosen Zusammenstößen des großen italischen Krieges, in dem Rom die Herrschaft über das mittlere Italien errang, getötet worden: und ein bloß privates Leben war keinem gestattet, der zu der bevorrechteten Schicht im römischen Bundesreiche gehörte, römischer Vollbürger, civis Romanus war. Von Catos Vater ist nichts weiter überliefert, er scheint keines der höheren Ämter der Republik bekleidet oder erstrebt zu haben: in der Nähe des Gutes aber lag das Grundstück eines namhaften Mannes, des Siegers von Benevent (275), Manius Curius Dentatus, dessen Lebensgeschichte — denn auch er war aus plebejischem Geschlecht und hatte doch das höchste Verdienst und den höchsten Lohn für großes Verdienst, den Triumpheinzug in die Hauptstadt, sich erworben — wohlgeeignet war, rühmlichen Ehrgeiz in den Seelen tüchtiger römischer Bürgersöhne zu erwecken.

Aber auch abgesehen von solchen Beispielen ruhmvollen Lebensgangs aus bescheidenen Anfängen: ein Leben ohne höhere Ziele war dem römischen Bürger und dem Sohne eines römischen Bürgers von der Lebensstellung des alten M. Porcius an und für sich nicht möglich. Die Wehrpflicht, die Wahlpflicht, die ganze seitherige Geschichte des Staats, dem er angehörte, zwang ihn, das öffentliche Leben mitzuleben: die republikanische Verfassung, die jährlichen Wahlen zu allen wichtigeren Ämtern, sowie die ganze Lage der Dinge, wie sie sich seit der Besiegung des Pyrrhus gestaltet hatte, verlangte nicht bloß gebieterischer als je die Erfüllung der bürgerlichen Pflichten, sondern regte auch das Interesse für die inneren und äußeren Fragen der hohen Politik mächtig an und schärfte das Urteil für dieselben, indem sie zugleich den Ehrgeiz und den Wetteifer im öffentlichen Dienste wachrief. Das Leben in der Stadt Rom, der Hauptstadt des mächtigen Bundesreiches, das jetzt das ganze peninsulare Italien bis zur sicilischen Meerenge umfaßte, und das seit einigen Jahren, seit 241 und 238, auch schon Unterthanengebiete auf Sicilien, Sardinien, Korsika besaß, wurde neben den religiösen Diensten hauptsächlich durch politische Akte, Comitien, Senatssitzungen, Amtsantritt der Beamten, Aushebung, Einschwörung der Truppen und ähnliches bestimmt und charakterisiert, und es ist wohl mit Sicherheit anzunehmen, daß dieses energisch pulsierende Leben der Hauptstadt, das er in Begleitung des Vaters bei dessen gelegentlich für jeden römischen Bürger notwendigen Besuchen in Rom gesehen haben mag, auch auf den Knaben und frühe schon Eindruck gemacht hat. Wichtiger ist und gehört recht eigentlich zu den Pflichten einer geschichtlichen Darstellung, welche es unternimmt, den Lebensgang eines bedeutenden Mannes zu schildern, daß man sich umsehe nach den Ereignissen, — den Erlebnissen der Nation im Großen, welche die Zeit seines Knaben- und ersten Jünglingsalters charakterisieren: man weiß, auch ohne besondere Überlieferung, daß sie auf ihn gewirkt haben müssen, und man kann sich auch ungefähr vorstellen, wie sie auf ihn gewirkt haben. Allerdings sind diese Jahre, 234—218 v. Chr., an äußern Ereignissen augenfälliger Art verhältnismäßig arm gewesen. Die Kämpfe mit den Eingebornen auf Sardinien und Korsika, auch der wichtige und rühmliche Krieg gegen die illyrischen Seeräuber (230—228) und selbst der große gallische Krieg (225—222 v. Chr.), berührten die Binnenlandschaften nur wenig und zogen wenigstens die Gegend, in welcher Cato heranwuchs, nicht unmittelbar in Mitleidenschaft. Das zuletzt genannte Ereignis, der letzte der gallischen Raub- und Angriffskriege, die in der seitherigen Geschichte Roms und des gesamten Italiens eine so große Rolle gespielt hatten, erregte allerdings die Gemüter in ganz Italien, und die genaue statistische Aufnahme aller Waffenfähigen und Waffenpflichtigen auf dem Gebiet der Föderation, welche der Senat anordnete, diente dazu, die Aufregung in jedes Dorf und jeden Hof zu tragen, und sie wird sich auch den Knaben mitgeteilt haben. Ein großer Sieg, unter besonders eindrucksvollen Umständen bei Telamon an der etrurischen Küste erfochten, beseitigte die Gefahr (225), und die Siege bei Clastidium und Mediolanum (222) beendigten den Krieg. Die gleichzeitigen Ereignisse in Afrika und in Spanien, die Ausdehnung des punischen Machteinflusses in dem letzteren Lande, und die große Stellung, die ein karthagisches

Haus oder eine karthagische Partei, der von dem ersten Waffengang mit den Puniern her wohlbekannte Hamilkar Barcas, dort und damit auch in Karthago sich gewann, bildete allerdings in den regierenden Kreisen, im Senat, einen Gegenstand des Interesses und ernster Sorge, aber auf den Bauernhöfen und Gütern der Sabina werden sie zunächst noch schwerlich viel Interesse und Verständnis gefunden haben, wenn man gleich durchaus im Auge behalten muß, daß durch den langen Krieg mit den Karthaginensern der Gesichtskreis auch des gewöhnlichen römischen Bürgers ein weiterer geworden war — noch freilich nicht so wie spätere römische Geschichtschreiber es darstellen und die Nachwelt ihnen nachgesprochen hat, als ob dies Volk schon in allen seinen Gliedern gewußt oder gefühlt und geahnt hätte, daß es zur Herrschaft über den Erdkreis bestimmt sei.

Plötzlich aber, noch im Lauf des Jahres 219, wurden die Dinge ernsthaft. Man vernahm, auch wo man nicht unmittelbar an der Politik teilnahm, von Belagerung einer befreundeten hispanischen Stadt Saguntum durch einen Sohn des Hamilkar, Hannibal, von Gesandtschaften nach Karthago, vom Falle Saguntsʼ, von verweigerter Genugthuung im karthagischen Senate, der eine Kriegserklärung gefolgt sei: man hörte, Sommer 218, daß Hannibal mit einem starken Heere den Ebro überschritten habe, und spürte den gewaltigen Charakter und Zusammenhang dieser Dinge in den unruhigen Bewegungen, von denen aus dem Keltenlande, aus Oberitalien, berichtet wurde. Zum Bewußtsein einer eigentlichen schweren drohenden Gefahr aber scheint man doch in den weiteren Kreisen der Nation erst dann gekommen zu sein, als im Spätherbst (218) die verbürgte Kunde anlangte, daß Hannibal mit einem ansehnlichen Heere, das die Furcht bald übertrieb, bald unterschätzte, diesseits der Alpen angelangt sei. Die Ereignisse dieses furchtbarsten und großartigsten aller römischen Kriege, der nunmehr begann, des zweiten punischen, oder wie die alten Geschichtschreiber mit Recht ihn bezeichneten, des hannibalischen, sind bekannt: 16 Jahre wütete dieser Krieg auf italischem Boden, indem er nach und nach die ganze Mittelmeerwelt in seine Kreise zog. Die furchtbaren Aufregungen nach den ersten Schlachten, der schrecklichen Niederlage am trasimenischen See und bei Cannä; die Wechselfälle aller Art, die Notwendigkeit einer Verteidigung bis aufs äußerste, die Erneuerung der Gefahr vom Trasimenus und von Cannä in einer in Wahrheit noch furchtbareren Weise, als im Jahre 207, dem elften des Krieges, Hannibals Bruder Hasdrubal ein neues Heer über die Alpen heranführte; die Gefahr, die in der bloßen allmählichen Erschöpfung der Hülfskräfte Italiens lag und die schließlich selbst die Treue der erprobtesten Stützen römischer Macht ins Wanken brachte: dies alles nötigte den römischen Staat, das hieß jeden seiner Bürger und namentlich jeden Mann der führenden Klasse, jeden Nerv anzuspannen: es wird einem in langem Frieden verweichlichten Geschlecht in Wahrheit schwer, sich ein Leben vorzustellen, das inmitten solcher unaufhörlich sich erneuernden Aufregungen, die oft und oft innerhalb kurzer Zeiträume sich bis zu unerträglicher Spannung steigerten, sich vollzog.

In dieser Atmosphäre ist Cato zum Manne gereift. Im Jahre 218, als Hannibal über die Alpen zog, erreichte er sein 16., im Jahre der unglücklichen Schlacht am Trasimenus, als man schon die punische Reiterei in der Nähe der Hauptstadt gesehen haben wollte, das 17. Lebensjahr, in welchem die Jünglinge in einem feierlichen und öffentlichen Akt, nachdem sie die Insignien der Knabentracht vor den Laren des Hauses niedergelegt hatten, auf dem Kapitol mit der Toga virilis bekleidet, eingekleidet wurden und ihre Kriegsdienstpflichtigkeit antraten. Mit seiner ganzen Altersgenossenschaft, wenigstens so weit sie zum Dienst mit eigenem Pferde verpflichtet war, trat Cato damals ins Heer ein — vielleicht noch vor der Schlacht am trasimenischen See, und er blieb Jahr um Jahr im Feldlager, denn namentlich nach den schrecklichen Aderlässen von Cannä und auf lange Jahre hin konnte die Republik keinen Mann entbehren. Unglücklicherweise können wir ihm nicht auf den einzelnen Gängen und Wegen in diesem schlachtenreichen Kriege folgen. Wir wissen nicht einmal, ob er auf dem blutigen Felde von Cannä mit dabeigewesen ist: daß er bald den Leib mit ehrenvollen Narben bedeckt hatte, wissen wir, — persönliche Tapferkeit war eine Tugend, die sich bei einem römischen Mann und einem von so energischen Charakter von selbst verstand. Im Jahre 214 stand er in Campanien, zwanzigjährig, mit dem Rang eines Kriegsobersten — die Schlacht bei Cannä hatte Raum gemacht, nicht weniger als 29 Tribunen waren gefallen — und zwar im Heere des Qu. Fabius Maximus, der damals zum vierten Male das Konsulat bekleidete, und dessen gewichtige altrömische Art ohne Zweifel einen tiefen und für immer bestimmenden Eindruck auf ihn gemacht hat. Wir treffen ihn wieder in Fabius Stabe im Jahre 209 bei den militärischen Bewegungen, die schließlich zu einer günstigen Wendung, der Wiedererwerbung von Tarent, führten, und er wird also wohl mit dabei gewesen sein, als jenes furchtbare Strafgericht über die Stadt erging, mit welchem der achtzigjährige Fabius seine kriegerische Laufbahn schloß. Etwas Bestimmtes wissen wir aus dem Jahre 207, das in Wahrheit das eigentlich kritische in diesem langen Kriege war und in dem, mehr als nach der Katastrophe von Cannä, die Dinge auf der Schärfe des Schermessers standen: er befand sich unter den auserlesenen Truppen, mit denen der Konsul Claudius Nero jenen vielbewunderten schnellen Marsch ausführte, der seinem Kollegen Livius die Verstärkung zubrachte, welche die Schlacht bei Sena gegen Hannibals Bruder Hasdrubal und damit den Krieg zunächst in Italien gegen Karthago entschied. Es mag hervorgehoben werden, daß die Verheerungen des Krieges sich nicht unmittelbar auf die Landschaft erstreckten, in der Catos Besitzung lag, und wir uns wohl zu denken haben, daß er in den Pausen des Krieges seine Wirtschaft in geregeltem Gange zu halten bemüht gewesen ist.

In der Nachbarschaft besaß ein Mann aus dem großen Hause der Valerier, L. Valerius Flaccus, ein Gut, und dieser bot dem jungen Mann — er erreichte im Jahre 204 das 30. Lebensjahr — die Unterstützung durch seinen Einfluß und den seiner Gens für den Eintritt in die politische Laufbahn an, die sich übrigens für einen Mann von der Kraft und Bedeutung Catos und bei der starken Nachfrage nach solchen Männern in solcher Zeit fast von selbst verstand.

Es war eine nicht bloß durch die kriegerischen Ereignisse, sondern auch für die innere Politik bedeutungsvolle Zeit, in welcher Cato, als einer der Quästoren für das Jahr 204 gewählt, die staatsmännische Laufbahn betrat. Die unmittelbare Gefahr des Krieges, die Lebensgefahr für Rom war in diesem Zeitpunkt schon vorüber, aber für die innere Entwicklung der Republik zeigte sich ein bedenkliches Symptom, und ein Mann trat mit hohen Ansprüchen besonderer Art hervor, der fortan auch für Catos Stellung und Wirksamkeit von großer Bedeutung werden sollte. Unter den patricischen Familien stand zu der Zeit, in die Catos Jugend fiel, die der Cornelii Scipiones auf der Höhe ihres Ruhms: in den vier Jahren von 222—218, war unter den Konsuln dreimal der erlauchte Name vertreten, und dies war erst der Anfang: namentlich auf den älteren Sohn des Konsuls vom Jahre 218, P. Cornelius Scipio, setzte man schon früh große Hoffnungen. Er hatte im Stabe seines Vaters die unglücklichen Gefechte im Herbst jenes Jahres, am Ticinus und an der Trebia mitgemacht, man wußte von seinem Mute Rühmliches zu erzählen, seinen verwundeten Vater habe er aus dem Reitergetümmel am Ticinus herausgehauen; er war dann, während sein Vater und sein Oheim den Befehl in Spanien führten, in Italien zurückgeblieben; bei Cannä war er aus dem fürchterlichen

Kampfe, der ⁹/₁₀ des römischen Heeres dem Tod oder der Gefangenschaft überlieferte, unversehrt entkommen und hatte sich inmitten der allgemeinen Verzweiflung, die sich auch derer bemächtigte, die sich aus der Schlacht gerettet hatten, durch die ruhige Zuversicht, die er auch seiner Umgebung mitzuteilen wußte, hervorgethan. Mit 23 Jahren war er Ädil geworden und machte auch weiterhin eine bis dahin zu Rom schlechthin unerhört rasche und glänzende Laufbahn. Im Jahre 212 kam aus Spanien die Nachricht, daß die dort befehligenden Scipionen, der Vater und der Oheim des jungen Publius, in zwei rasch sich folgenden höchst unglücklichen Zusammenstößen mit dem karthagischen Heere, zuerst Publius, und 29 Tage später Cnejus, gefallen seien: und so erschütternd wirkte diese Nachricht, daß selbst auf römischem Boden, wo nicht leicht der rühmliche Ehrgeiz in der Stunde der Gefahr sich versagte, niemand sich für das nach diesen Ereignissen schwierige und unendlich verantwortungsvolle Kommando finden wollte. Da stellte sich der Sohn des ersten der beiden unglücklichen Feldherrn — er war jetzt 24 Jahre alt: er hatte noch nicht das gesetzliche und, sollte man denken, für eine Aufgabe wie sie hier zu lösen war auch noch nicht einmal das natürliche Alter: er trug den Namen, an welchem nach den letzten Ereignissen das Unglück zu haften schien. Gleichwohl geschah das Unerhörte; wie im Jahre zuvor, wo er sich um die Ädilität beworben hatte, wurde er durch einhellige Wahl des Volks als Proprätor an die Spitze der Reste des Heeres in Spanien gestellt. Vergebens schüttelten die Männer der strengen Gesetzlichkeit über diese Verletzung alten Herkommens und wohl auch schon ausdrücklicher Gesetze den Kopf: es war, wie er selbst bei der Wahl zum Ädil leichtfertig geäußert haben soll: „wenn die Quiriten alle mich zum Ädilen machen wollen, habe ich Jahre genug".

Dort in Spanien nun war ihm, der sich selbst und den die Menge ohnehin schon als einen besonderen Günstling und Liebling der Götter anzusehen gewohnt war, ein ungeheurer Glückswurf gelungen: der Hauptwaffenplatz der Karthager in Spanien, wo unter anderem die Geiseln verwahrt wurden, die für die Treue der den Puniern unterworfenen oder verbündeten hispanischen Stämme bürgten, war in seine Hände gefallen. Jahr um Jahr, von 210—206, blieb er auf diesem entlegenen Kriegsschauplatze und wußte, wie den Feind, so auch die Phantasie und die öffentliche Meinung in Rom zu beschäftigen: einmal begab er sich persönlich auf afrikanischen Boden, um mit dem Numidierkönig Syphax ein Bündnis einzugehen; bei seinem Heere und namentlich bei dem ritterlichen Naturvolk, in dessen

Gebiet man kämpfte, den Iberern, nahm er eine fast königliche Stellung ein: und wie denn die Menge nicht etwa, wie man ihr oft vorwirft, in ihrem Lieben und Hassen launisch und wetterwendisch, sondern vielmehr hartnäckig und urteilslos ist, wo sie sich einmal einen Günstling oder ein Opfer erkoren hat, so that es seiner Volksbeliebtheit nicht den mindesten Eintrag, daß durch seine Schuld es dem Hasdrubal hatte gelingen können, ein zweitesmal, wie sein Bruder Hannibal 10 Jahre früher und auf demselben Wege, ein großes punisches Heer nach dem Hauptkriegsschauplatze, nach Italien zu werfen und so für dieses Land eine Krisis herbeizuführen, die weit gefährlicher war als die nach der Schlacht bei Cannä, und bei der die Niederlage höchst wahrscheinlich für Rom den Untergang bedeutet hätte. Das römische Heer siegte aber bei Sena und so fragte niemand mehr, wie es hätte kommen können: vielmehr war man in der Freude über die Rettung aus einer so nahe drohenden Gefahr weiterhin geneigt, das Verdienst des jungen Scipio, dem der erste große Erfolg in dem bis dahin so unglücklich geführten Kriege gelungen war, zu übertreiben. Er kehrte zurück: noch war er nicht 30 Jahre alt: die Stimmung des Volkes aber war so, daß an seiner Wahl zum Konsul nicht zu zweifeln war. Aber damit nicht genug. Er meinte, und damit hatte er vielleicht recht, daß man des schrecklichen Feindes, der seit 12 Jahren in den Eingeweiden des italischen Landes wühlte, am sichersten sich entledige durch einen kühnen Angriffsstoß gegen sein eigenes Land: er werde verlangen, ließ er sich vernehmen, daß ihm — denn daß er zum Konsul gewählt werden würde, setzte er als etwas Selbstverständliches voraus — der Senat Afrika als Amtsgebiet, als Provincia zuweise, und er hatte, wie denn seine staatsmännische Begabung niemals auf gleicher Höhe mit seiner kriegerischen stand, die Unbesonnenheit es unumwunden auszusprechen, daß er dies durch Volksbeschluß durchzusetzen gedenke, wenn der Senat es ihm weigern sollte.

Dies hatte einen sehr ernsten Konflikt zur Folge, der auch für Catos Leben und Stellung nicht ohne Bedeutung war. Dieser, wenig jünger als Scipio, erklomm, wie erwähnt, eben in dem Jahre, wo dieser vom Glück in so außergewöhnlicher Weise Begünstigte die höchste Stufe römischen Ehrgeizes, das Konsulat, mühelos erstieg oder erflog, die erste Staffel der römischen Ehrenämter: er ward, was kein besonderer Glücksfall war, zu einem der Quästoren des Jahres 204 erwählt.

Im Senat warf sich die altrömische Partei, an deren Spitze Catos Gönner, der alte Fabius Cunctator stand, dem neuen Alcibiades entgegen: unumwunden stellte man an Scipio dort die Frage, ob er sich dem unterwerfe, was der Senat beschließen werde. Aber man mied es, wohl von beiden Seiten, den Konflikt auf die Spitze zu treiben: ein Kompromiß ward gefunden: der Senat wies ihm Sicilien als Provinz zu, gab ihm aber zugleich die Vollmacht, wenn er es im Interesse der Republik für nötig erachte, nach Afrika überzusetzen. Unter denen, welche in seinem Stabe diese Überfahrt, die er sobald er konnte ins Werk setzte, mitmachten, war auch der Quästor Cato, der einen Teil der Transportflotte befehligte. Nach einer Nachricht wäre es eben hier auf der Fahrt schon zu einem Bruch zwischen den beiden Männern gekommen: Cato hätte seinem Oberfeldherrn über seine Verschwendung Vorwürfe gemacht: gewiß ist, daß er den ferneren Krieg in Afrika nicht mitmachte, sondern als das Jahr seiner Quästur um war, nach Italien zurückkehrte. Er war nunmehr in die staatsmännische Laufbahn eingetreten, und gewissermaßen füllte er hier sogleich eine Lücke aus: das Haupt der altrömischen Partei, Fabius, war in demselben Jahre, 203, im höchsten Alter gestorben.

2. Catos politische Laufbahn bis zum Konsulat.
(203—195 v. Chr.)

Es ist wahrscheinlich, daß Cato gleich in dieser Censurperiode, von den Censoren M. Livius Salinator und C. Claudius Nero, den Siegern von Sena, welche im Jahre 204 ihr Amt angetreten hatten, als sie die zu ihren Geschäften gehörende Lectio des Senats, dessen Musterung und Ergänzung, vornahmen, in den Senat eingewiesen worden ist. Die Verhältnisse lagen für einen Mann von Charakter, der den einer jeden bedeutenden Natur innewohnenden Ehrgeiz besaß, seine Kräfte voll auszunützen, sehr günstig. Der große Krieg, der jetzt seinem Ende entgegenging, gab der römischen Republik eine Machtstellung, die eine Menge wichtiger und schwieriger Aufgaben und mithin auch große Nachfrage nach Männern, welche solchen Aufgaben gewachsen waren, in sich schloß. Es ist notwendig, hier einen Blick auf dieses so ganz eigenartige römische Staatswesen zu werfen, das sich soeben in einem über alle Maßen gefährlichen Kriege gegen einen genialen Kriegsfürsten zu behaupten gewußt hatte. Das Erzeugnis nicht eines besonderen gesetzgebenden Weisen — keines Minos oder Solon, wie Cato selbst sich ausdrückt, der für diese Eigentümlichkeit der Verfassung seines Landes ein offenes Auge zeigte, sondern einer in Jahrhunderten sich vollziehenden langsamen Auseinandersetzung der verschiedenen Elemente des Volks stellte diese Verfassung in jener Zeit eine bewundernswürdige Mischung demokratischer, aristrokratischer, monarchischer Elemente dar, wie sie ein griechischer Staatskundiger jener Tage von einer gesunden Staatsverfassung verlangt, — eine Mischung, die sich dann in noch bewundernswerterer Weise in der regierenden Körperschaft dieses Staates, seinem Senat, wiederholte. Diese Verfassung war demokratisch, sofern sie den früheren Gegensatz zwischen Patriciern und Plebejern, Alteingesessenen und Zugewanderten, Alt- und Neubürgern innerlich überwunden und diese beiden Stände, die so lange in einem großartigen politischen Kampfe miteinander gerungen hatten, zu dem einen populus Romanus verschmolzen hatte: jeder in eine der 35 Tribus oder Bezirke eingeschriebene Bürger hatte gleichmäßig das aktive und das passive Wahlrecht, stimmte mit in den Comitien, wo sie nach Centurien und wo sie nach Tribus — wo sie nach Vermögen und Waffenpflicht und wo sie nach den Bezirken, in denen die Bürger ansässig waren, zusammentraten —, und konnte sich um die hohen Ehrenämter der Republik bewerben, konnte Quästor, Ädil, Prätor, Konsul, Censor werden: und eine eigene Behörde, deren Mitglieder auf ein Jahr gewählt wurden wie alle Magistrate, das Volkstribunat, war bestellt zum Schutze der Plebs, der gewöhnlichen Leute, der Menge, gegenüber unbilligen oder rechtswidrigen Forderungen und Befehlen der Beamten. Monarchische Züge trug diese Verfassung, obgleich die Nation das lebenslängliche Königtum abgestoßen und an ihre Stelle das Princip der Jahreskonsuln und der Zweizahl dieser höchsten Beamten gesetzt hatte, und obgleich sie selbst die zeitweilige Sechsmonatsmonarchie, die Diktatur, eben in der Zeit, als Cato in die Geschäfte eintrat, außer Gebrauch kommen ließ, vor allem in der ungeheuren Autorität, welche Staatsordnung und Volkssitte diesen wie allen Beamten während ihres Amtsjahres gab. Das konsularische Amt, wie alle die hohen Ämter, die honores, ist unbesoldet: die Konsuln, durch den Scharlach- oder Purpurmantel und ihr Geleit von Liktoren kenntlich, sind die Träger der Majestät des römischen Volkes; vor seinem Sohn, dem Beamten des römischen Volks, dem magistratus populi Romani, erhebt sich der greise Vater von seinem Sitz bei den Spielen, steigt vom Pferde, wenn er ihm begegnet. Den Prätoren, den Konsuln tragen Liktoren, einer nach dem andern aufmarschierend, jene imposanten und wie alle Formen römischen

Staatslebens gewissermaßen grotesken Abzeichen der Gewalt über Leben und Tod, die mit einem Riemen zusammengehaltenen Stäbe, in deren Mitte ein Beil steckte, voran: sie sind unabsetzbar während ihres Amtsjahres, und gegen ihren Befehl gilt kein Sträuben und nur in äußersten Fällen die Berufung ans Volk. Eben diese große Stellung der Magistratur aber, die man trotz der Zweizahl eine monarchische nennen darf, weil jeder der beiden, wo er auftrat, die volle Amtsgewalt übte, diente mittelbar dazu, dasjenige Element der Verfassung zu stärken, das man als das eigentlich herrschende und durchgreifende bezeichnen kann, das aristokratische. Noch hielten sich die alten Patriciergeschlechter, welche in die dem Volk schon nicht mehr verständlichen Ursprungszeiten seines Gemeinwesens zurückreichten, an der Spitze der jetzt zum Großreich gewordenen Republik. Die eine Konsul- und Censorstelle war ihnen vorbehalten und gewisse äußere Kennzeichen unterschieden den Senator patricischer Herkunft von dem plebejischen: aber neben diesem Patricieradel waren andere, war ein plebejischer Adel emporgekommen, eben wie jetzt mit Cato ein solches neues plebejisches Adelsgeschlecht der Porcier aufstrebte. Und so war es immer gegangen: hatte ein Mann aus solcher plebejischen Familie — ein Sempronius, Fulvius, Atilius, wie sie heißen mochten, das Konsulat erstiegen, so hatte in ihm und durch ihn die Familie oder der Stamm, die Gens, den Anspruch für eine künftig hervorragende Stellung erlangt und vererbte sie, ein rühmliches Besitztum, eine Richtfahne für alle Späteren, weiterhin der ganzen Gens, die in der Zeit, von der wir reden, sich schon einer stolzen Reihe von solchen auf ähnliche Weise emporgekommenen Familien anschloß und sehr bald freilich auch die minder löbliche Seite jeder Aristokratie, das mißtrauische Sichzurwehresetzen gegen jeden Neuaufstrebenden, teilte. Diese Aristokratie aber vereinigte ihre Macht in der großartigsten der römischen Institutionen, ihrem Senat, der soeben noch in dem Unglücksjahre der Schlacht bei Cannä, welche allein nicht weniger als 80 Mitglieder der Körperschaft dahingerafft hatte, und weiterhin während des ganzen an Wechselfällen gefährlichster Art so reichen Krieges eine Probe seiner gewaltigen Kraft und seines Berufs zur Führung einer großen Nation bestanden hatte, indem er, noch unter dem unmittelbaren Eindruck der furchtbaren Niederlage, alle Friedensvorschläge die Hannibal bot einfach und unbedingt abwies und alle Friedensgedanken niederhielt, auch als sie sich nach weiteren schweren Jahren auf dem römischen Forum selbst hervorwagten. In einer Vollkommenheit, die nie wieder in irgend einem

Staate erreicht worden ist, durchdrangen sich bei dieser politischen Schöpfung jene drei Elemente. **Demokratisch** war die Zusammensetzung dieser Körperschaft insofern, als die Censoren, denen die Ergänzung des Senats oblag, gehalten waren — von selbst hatte es sich so gemacht — die neuen Mitglieder aus den gewesenen höhern Beamten zu nehmen, den Männern also, welche die Volkswahl, das allgemeine Stimmrecht, als die Männer seines Vertrauens bezeichnet hatte. **Aristokratisch** war ihr Charakter, weil ihre Mitglieder unbesoldet, unverantwortlich, lebenslänglich waren, weil sie sich aus Männern höherer Lebensstellung und meist schon alter Familie, aus denen, die ein wichtiges Staatsamt schon bekleidet hatten, rekrutierten, und bei den Abstimmungen in ihrer Mitte nach strenger Rangordnung die gewesenen Konsuln, gewesenen Prätoren u. s. w. zur Abgabe ihres Votums aufgerufen wurden; weil die Mitgliedschaft, die Zugehörigkeit zum ordo, zum „Stande", eine bevorrechtete gesellschaftliche Stellung gab, wie denn auch nach römischer Art schon die Tracht, der Purpurstreif an der Tunica, der rote Schuh den Senator kennzeichnete: und endlich weil sie die älteste aller Einrichtungen des römischen Staates war. Denn einen Senat hatte es gegeben, seitdem die getrennten Orte, die von den Hügeln und die von den Bergen zu einer Gemeinde zusammengetreten waren, und er war immer derselbe geblieben: sachte und unmerklich hatte sich vollzogen, was in seiner Zusammensetzung, seiner Kompetenz, seinem Wesen im Laufe der Zeit etwa geändert worden war. **Monarchisch** aber war an diesem Senate, daß er, den mit jedem Jahr wechselnden Beamten gegenüber, die eigentliche dauernde Regierungsbehörde war; daß er, der aus gewesenen und aktiven Beamten zusammengesetzt eine große Fülle von Sachkenntnis, Personenkenntnis, Fähigkeit des Leitens und Befehlens in sich vereinigte, sich in jedem Augenblick, wie dies nach der Schlacht bei Cannä geschah, aus einer beratenden in eine ausübende Körperschaft verwandeln konnte, und daß, was anderen Staaten und Staatsverfassungen so oft verderblich geworden ist, der Zusammenstoß der gesetzgebenden und der exekutiven Gewalt im Staate hier nicht möglich war. Denn diese Versammlung gewesener Beamten achtete die Stellung derer, die augenblicklich an der Spitze standen, der regierenden Konsuln vor allem, die der Regel nach ihre Vorsitzenden waren, und diese Beamten ihrerseits achteten die Stellung und Prärogative einer Körperschaft, in deren Mitte sie nach vollendetem Amtsjahr zurücktraten.

In diese Körperschaft, den hohen Rat seiner Nation, trat jetzt

Cato ein, nachdem er, wie alle, seinen Weg durchs Feldlager gemacht hatte, und er betrat die Laufbahn in einer Zeit, wo mit der großartigern Stellung Roms vor allem die Stellung seines Senats eine großartige, eine Herrscherstellung geworden war und jenes oft angeführte Wort des Griechen Kineas sich erfüllte, der einst seinem König, wie erzählt wird, gemeldet hatte, daß ihm der Senat zu Rom wie eine Versammlung von Königen erschienen sei.

Der furchtbare Krieg war, nachdem er 17 Jahre gedauert, zu Ende, und der Sieger von Zama, P. Cornelius Scipio, brachte, als er im Jahre 201 aus Afrika zurückkehrte, einen Frieden mit, der Rom zur ersten Stadt des Westens machte. Sicilien war jetzt seinem ganzen Umfange nach römische Provinz; in Spanien, wo die punische Herrschaft gleichfalls gebrochen war, wurden zwei solcher Ämter eingerichtet; in Afrika lebte die gedemütigte Rivalin auf Wohlverhalten weiter und man hatte ihr den König von Numidien, Masinissa, an die Seite gesetzt, der dieses Wohlverhalten im römischen Sinn für die nächste Zeit verbürgte; in Italien wurden die letzten der Selbständigkeiten alter Zeit, die gallischen Stämme in Oberitalien, vollends gebrochen, was noch ein Jahrzehnt in Anspruch nahm. Es ist eine sehr falsche Vorstellung, die man lange festgehalten hat, die aber vielleicht am besten durch die Betrachtung des Lebens und der staatsmännischen Wirksamkeit Catos widerlegt wird — als wenn die Politik der Römer — wie man sich gedankenlos ausdrückt — vielmehr also als wenn der Senat, der die auswärtige Politik des römischen Staates bestimmte und leitete, von einer unersättlichen „Eroberungsgier" wie irgend ein einzelner Despot oder ehrgeizige Herrscher getrieben, als er kaum mit der libyschen Rivalin Roms fertig geworden war, alsbald seinen Arm nach Osten ausgestreckt, hier einen Staat nach dem andern in sein Netz verstrickt und seiner Herrschaft unterworfen habe: was mit abgefeimter List begonnen, wäre mit brutaler Gewalt beendigt worden. Man bezeichnet eine solche Politik mit dem Namen des berühmten florentinischen Staatsmannes und Schriftstellers als Macchiavellismus: Macchiavelli empfiehlt sie in der sehr besonderen Lage, in welcher Italien im 15. und 16. Jahrhundert sich befand, und er setzt als den Träger einer solchen Politik einen einzelnen, einen Fürsten voraus: und schon dies hätte von der Verkehrtheit abhalten sollen, den Ausdruck ohne tiefere Prüfung auf eine Politik anzuwenden, welche von einer Körperschaft, einer Aristokratie gemacht wurde: man kann höchstens sagen, daß sich in diese auswärtige Politik nach und nach auch macchiavellistische Elemente eingeschlichen hätten. Aber eine Eroberungspolitik aus Grundsatz war die römische Politik nicht, weder früher noch damals noch später: die ganze Verfassung dieses Staats mit ihrer jährlich wechselnden höchsten Leitung, ihren vielen hemmenden Elementen wie z. B. dem Volkstribunat, ihrer allgemeinen Wehrpflicht, war gar nicht auf Eroberung und Angriffskrieg gestellt; eine Nation von Bauern liebt den Krieg niemals um des Krieges willen, und nicht eigener Trieb, sondern die Notwendigkeit der Dinge, Verkettungen, welche kein einzelner Wille schafft oder löst, brachten es dahin, daß diese Bauernrepublik jene Herrschaft über Land und Meer, welche dem großen Macedonier einige wenige glänzende Jahre hindurch zu teil geworden, als eine dauernde errang und behauptete.

Denn sogleich nach Alexanders d. Gr. Tode hatte sich jenes gewaltige Leichenspiel, der Agon um sein Erbe erhoben, den nach einer Anekdote der Sterbende noch geweissagt haben soll, und der allerdings für diesen Fall seines frühen Todes leicht vorauszusehen gewesen war. Aus diesen Kämpfen gingen, wie bekannt, drei Großmächte und eine Anzahl von Kleinstaaten hervor, die Reiche Macedonien, Ägypten, Asien unter Dynastien, welche ihren Ursprung auf einige hervorragende Feldherrn des großen Eroberers zurückführten; zwischen diesen Großstaaten und den gleichsam in ihrer Sphäre kreisenden Trabanten, kleinen Königreichen, welche eine alte Selbständigkeit wieder erlangten oder eine neue gewannen, Armenien, Pontus, Kappadocien, Bithynien, Epirus und zuletzt Pergamum, bewegten sich die griechischen Gemeinwesen, — jene Welt hellenischer Stadtstaaten, Inseln, Landschaften, welche sich zum Teil unter dem Einfluß neuer politischer Motive und Kräfte zu Föderationen zusammengethan hatten. Solche Neuschöpfungen waren der ätolische Bund in Mittelgriechenland, der achäische im Peloponnes und ein Handelsbund der Inseln und Küstenstädte des ägäischen Meeres, welchen ein neuerer Geschichtschreiber nicht uneben der deutschen Hansa des Mittelalters verglichen hat, und an dessen Spitze die Stadt Rhodus stand, die erst in dieser Zeit zu so großer Blüte gelangt war. Es konnte, namentlich bei dem großen Aufschwung, den das Erwerbsleben und die materiellen Interessen nach der Zeit Alexanders des Großen nahmen, nicht fehlen, daß nach und nach die Beziehungen der Staaten und Völker am Mittelmeer untereinander vielseitiger wurden und mehr und mehr auch den westlichen Teil der Mittelmeerwelt berührten. Für Alexander den Großen selbst steht wohl fest, daß diese westlichen Beziehungen zunächst für ihn in den Hintergrund traten, und ob sie ihn gegen Ende seines Lebens viel beschäftigt haben, ist bei dem Stande unserer Quellen aussichtslos und also müßig zu fragen; der Krieg gegen Tarent und Pyrrhus aber und seine weiteren Folgen, dann die Verwicklungen mit den illyrischen Piraten und deren Züchtigung durch die Römer hatten die beiden Völker oder Völkerkreise, den italisch-römischen und den griechischen, einander genähert, und die Korinther und Athener hatten sich für den großen Dienst, welchen die Republik ihnen mit jenem Akt kräftiger Seepolizei im illyrischen Kriege erwiesen hatte, erkenntlich gezeigt, indem sie den Bürgern der Stadt Rom den Zutritt zu ihren Festen und Religionsdiensten eröffneten und sie damit als eine hellenische — dem geweihten Kreise hellenischer Kultur und Sitte angehörige — anerkannten, wie sie denn schon zuvor griechische Schriftsteller als solche, als eine „hellenische Stadt", bezeichnet hatten. Ob Alexander der Große selbst schon von der Stadt an der Tiber Notiz genommen hat, ist nicht bekannt, obgleich unter den Gesandtschaften, die ihn zu Babylon erwarteten, auch eine römische gewesen sein soll und dies auch nichts Unwahrscheinliches hat, da einer Gesandtschaft nicht immer hochpolitische Veranlassungen zu Grunde liegen und sich mancherlei Beweggründe für eine römische Sendung an den Herrn der östlichen Welt denken lassen. Schon 50 Jahre später aber berührten sich die beiden Welten sehr unmittelbar. Jedermann kennt die Eindrücke, welche Pyrrhus selbst und sein Abgesandter von der römischen Eigenart empfangen haben; im ersten punischen Krieg hatte sich dann, durch die Verhältnisse auf Sicilien, eine Art Solidarität der griechischen und der römischen Interessen herausgebildet, welche dann seit jenen illyrischen Ereignissen fast den Charakter eines römischen Protektorates über die westliche Griechenwelt, den Charakter einer engen Gemeinschaft gegenüber dem punischen Element und dem diesem verbündeten gallischen und hispanischen Barbarentum annahm. Eben dies wie überhaupt die wachsende Macht der römischen Republik erweckte den monarchischen Mächten des Ostens schon Bedenken und der junge aber keineswegs unbedeutende Herrscher, welcher seit 221 v. Chr. auf dem macedonischen Throne saß, Philipp V., hatte die Bedeutung des erneuten Zusammenstoßes zwischen Rom und Karthago wohl erfaßt.

Gleichsam in greifbarer Lebendigkeit treten uns diese Beziehungen entgegen in der Scene, welche uns der griechische Geschichtschreiber dieser Zeiten, Polybius, vorführt. Es ist im Herbst des verhängnisvollen Jahres 216 v. Chr.: der macedonische König befindet sich in Argos, wo in dem Hain, der den Tempel des Zeus Xenios umgiebt, nach alter Weise die berühmten Spiele gefeiert wurden, denen Philipp an der Seite eines der Inseldynasten, Demetrios von Pharos, der schon die schwere Hand der Römer zu fühlen bekommen hatte, zusah. Eben ist der Kurier von Macedonien oder von wo sonsther mit den Briefschaften für den König angelangt: Philipp öffnet einen der Briefe: er enthält die ungeheure Zeitung von dem großen Zusammenstoß der römischen und der punischen Macht bei Cannä: das ganze offene Land beherrschen die Punier, so schildert der Brief die Lage nach der Schlacht, nur die Festungen sind noch in den Händen der Römer. Schweigend reicht er den Brief dem Demetrios, er solle noch nichts von seinem Inhalt verlauten lassen: dieser rät ihm, nachdem er gelesen, alles andere liegen und stehen zu lassen, und an nichts anderes zu denken, als wie er aufs schnellste ein Heer nach Italien werfe. In der That kam, wie wir wissen, eine Verbindung zwischen Philipp und dem punischen Diktator, wie die Römer wohl den Hannibal bezeichneten, zustande. Aber die römische Politik wußte dem König in seiner nächsten Machtsphäre Feinde zu erwecken, die ihn hinderten, energisch und unmittelbar in den großen Krieg einzugreifen, und dem Hannibal kam in Wahrheit nur geringe Erleichterung durch diesen Nebenkrieg im Osten, der nur einen sehr mäßigen Teil der römischen Streitkräfte beschäftigte, und im Jahre 205 zu Ende ging.

Aber man hatte zu Rom es nicht vergessen, daß Philipp in der gefährlichsten Stunde, welche ihre Republik durchzumachen gehabt hatte, mit dem gefährlichsten ihrer Feinde gemeinsame Sache hatte machen wollen und nachdem man mit Hannibal und Karthago fertig geworden war, faßte der Senat, und dies mit allem Recht, diese östlichen Verhältnisse schärfer ins Auge. Diese neue Verwicklung, die Wiederaufnahme der Bekämpfung des macedonischen Königs, wird wohl die erste große Staatsfrage gewesen sein, in welcher nach seinem Eintritt in den Senat auch Cato sich zu entscheiden hatte. Wenige Monate nach dem Frieden mit Karthago bildete sie, wie vielleicht schon länger her, den Gegenstand ernstlicher Erwägungen im Senat und in den senatorischen Kreisen, und ihre schließliche Entscheidung sollte auch für Catos ferneres Wirken von Bedeutung sein. Philipp hatte die Zeit nach 205, wo er das Abkommen mit Rom traf, das jenem lästigen Nebenkriege ein Ziel setzte, benutzt, um sich nach Osten hin Raum zu machen. Dies geschah in Gemeinschaft mit dem König Antiochus — Antiochos dem Großen — von Syrien und auf Kosten Ägyptens, wo augenblicklich eine Regentschaft für einen minderjährigen König, Ptolemäus

Epiphanes, das Ruder führte. Dem römischen Senat paßte diese Verbindung zweier so mächtiger Könige auf Kosten einer Macht, mit welcher die Republik seither in gutem Verhältnis gestanden, und mit deren Haltung man auch während des großen Kriegs durchaus zufrieden zu sein Ursache gehabt hatte, wenig: man schickte eine Gesandtschaft, denn man hätte es gern gehabt, wenn Philipp den Krieg erklärt oder durch eine schroffe Antwort die römische Kriegserklärung herausgefordert hätte, eine Kriegserklärung, von deren Notwendigkeit die Bürgerschaft, das Volk, das eben erst von den Heimsuchungen des hannibalischen Krieges aufatmete, nicht so leicht zu überzeugen war, als der Senat, in dessen Mitte über diese Frage keine ernstliche Meinungsverschiedenheit gewesen zu sein scheint. Wie Cato in dieser Angelegenheit gedacht hat, ist uns nicht überliefert, er wird, da er zu den jüngsten Mitgliedern der Körperschaft gehörte, bei den Beratungen keine besondere Rolle gespielt haben. Philipp aber wich auf geschickte Weise aus: die Kriegserklärung erfolgte nicht sofort: erst neue Gewaltthätigkeiten, an römischen Bundesgenossen, den Athenern, verübt, welche dann die römische Hülfe anriefen, gaben dem Senat Grund oder Anlaß, die Kriegserklärung zu beschließen. Nun aber erhob sich ein charakteristisches Hindernis: die Bürgerversammlung, in ihren Centuriatkomitien nach Herkommen berufen und zusammengetreten, also in jener Form, die, indem sie das versammelte Volk zugleich als Kriegsheer erscheinen ließ, wagemutige, kriegerische Beschlüsse besonders begünstigte, versagte diesem Beschluß der Väter ihre Zustimmung: Beweis genug, daß die Römer auf Krieg und Eroberung so erpicht nicht gewesen sind, als man es gewöhnlich darstellt. Allein wo würde die auswärtige Politik einer großen Nation in solchen Urversammlungen entschieden? — in Fragen dieser Art entscheidet schließlich die Staatsnotwendigkeit, und diese übersah der Senat, eine Versammlung sachverständiger Beamten, die sich in den großen Geschäften des Landes bewegt hatten und fortwährend bewegten, besser als diese Bürgerversammlungen, in denen zunächst wenigstens nicht der Verstand, sondern die Stimmung und mitunter selbst die bloße Laune entschied. Und wenn, wie es scheint, der Senat über diese Staatsnotwendigkeit in diesem Falle einig und im reinen war, so lassen sich dafür gute und einleuchtende Gründe anführen. Die Lage Italiens ist zu allen Zeiten schwierig gewesen, weil es im Verhältnis zur Schmalheit seines Körpers sehr ausgedehnte Grenzen, eine unverhältnismäßig große Küstenentwicklung hat und mithin nach allen oder zum mindesten nach einigen Seiten jedem Feinde eine breite

Angriffsfront darbietet. Zweimal im Laufe der letzten 70 Jahre hatte man die Erfahrung gemacht: zweimal hatte das Land unter einer langjährigen Invasion gelitten; man hatte nach dem ersten punischen Krieg Sicilien nicht völlig unter Herrschaft genommen, hatte die Punier sich in Spanien festsetzen lassen, und die Folge war der vierzehnjährige Krieg im eigenen Lande gewesen, bei welchem zweimal die Dinge auf des Messers Schneide gestanden hatten, und dessen Eindrücke in der That für die nächsten 50 Jahre die auswärtige Politik Roms beherrschten. Ließ man Philipp im Osten schalten, wie man früher die Punier im Westen hatte schalten lassen, so konnte sich jene Gefahr sehr leicht von Osten her wiederholen. In diesen Gesichtspunkten war die leitende Körperschaft einig. So wurde es nicht allzuschwierig, die Bürgerschaft umzustimmen. Mit Nachdruck betonte der Konsul, dem Macedonien als Provinz bestimmt war, in einer Versammlung, welche der entscheidenden Abstimmung voraufging, jene Gesichtspunkte: nicht um die Frage, Krieg oder Frieden, handle es sich, sondern ob man nach Macedonien übersetzen, oder den Feind in Italien erwarten wolle: das Durchschlagende war wohl die Erinnerung an die beiden Invasionen, Pyrrhus und Hannibal, die der römische Bauer noch in allen Gliedern spürte: dann schritt man zur Abstimmung, und ohne weitere Schwierigkeit wurde nun in dieser zweiten Versammlung oder Abstimmung durchgesetzt, was durchgesetzt werden mußte, die Billigung der auswärtigen Politik des Senats, die Kriegserklärung gegen Macedonien.

Die Geschichte dieses Krieges, des zweiten macedonischen, der, wie bekannt, von 200—197 v. Chr. dauerte und durch die Schlacht bei Kynoskephalä in Thessalien entschieden wurde, hat uns hier nicht weiter zu beschäftigen. Cato erstieg während dieser Zeit die Vorstufen zu dem Amt, welches das höchste Ziel des Ehrgeizes für jeden römischen Mann von einiger Bedeutung bildete.

Er wurde für das Jahr 199 zu einem der beiden plebejischen Ädilen gewählt, die sich mit zwei Kollegen aus den Patriciern in die mannigfachen Geschäfte dieses Amtes teilten, das sich auf die Verwaltung der städtischen Polizei bezog. „Die ebenso wichtige wie schwierige Instandhaltung des ganz Rom durchziehenden Netzes von kleineren und größeren Abzugskanälen", so faßt ein Neuerer seine mannigfaltigen Geschäfte zusammen, „sowie der öffentlichen Gebäude und Plätze, die gehörige Pflasterung und Reinigung der Straßen, die Beseitigung der Einsturz drohenden Gebäude, gefährlicher Tiere, übler Gerüche, die Fernhaltung der Wagen außer in den Abend- und Nachtstunden, und überhaupt die Offenhaltung der Kommunikation, die ununterbrochene Versorgung des hauptstädtischen Marktes mit gutem und billigem Getreide, die Vernichtung gesundheitsschädlicher Waren und falscher Maße und Gewichte, die besondere Überwachung von Bädern, Schenken, schlechten Häusern" war Sache der Ädilen: und es läßt sich denken, daß Cato seinen Teil dieser Pflichten, welche einen energischen, rechtschaffenen, allem Unfug und aller feigen Rücksichtsnahme abholden Charakter verlangten, wohl verwaltet hat und es bei Handhabung der Ordnung auf dem Markte und in den Straßen der Stadt, bei den Spielen, bei Verwaltung öffentlichen Guts, polizeilicher Bestrafung Zuwiderhandelnder und strenger Beitreibung der Geldstrafen, wo solche verhängt werden mußten, an sich nicht hat fehlen lassen. Einen Beweis dafür haben wir darin, daß er mit seinem plebejischen Kollegen C. Helvius für das folgende Jahr (198) zu einem der Prätoren gewählt wurde. Denn die Ädilität bot die Mittel, sich dem Volke für die Wahl zu den weiteren Ehrenstellen zu empfehlen, und es geschah schon damals nicht immer mit löblichen Mitteln, und unter Aufbietung demagogischer Künste: indes, auch wirkliche Tüchtigkeit hatte Gelegenheit, sich zu bewähren, und auch das Urteil, nicht bloß die gedankenlose Laune der Wähler ließ sich durch eine wohlverwaltete Ädilität gewinnen und bestimmen. Die Provinzen wurden durchs Los bestimmt, das man freilich, wo nötig, auch auf die geeigneten Männer zu lenken verstanden haben wird: dem Cato fiel ein nicht gerade schwieriges, aber nicht sehr angenehmes Departement, die Insel Sardinien mit Korsika zu. Die Küstenstriche dieses in alter wie neuer Zeit arg vernachlässigten Landes sind fruchtbar und sie waren mit Städten besetzt, das gebirgige Innere der Provinz war noch von halbwilden Stämmen bewohnt, eine Truppenmacht von 2000 Mann zu Fuß und 200 Reitern bildete ihre Garnison. Lieferung von Getreide und wollener Kleidung für das Heer im Osten bildete einen Teil der Aufgabe des Prätors: außerdem wird von seiner Verwaltung berichtet, daß er die italischen Geldverleiher und Geldhändler, die Föneratoren und Argentarier, die auf der ökonomisch noch wenig entwickelten Insel bereits sich eingenistet hatten, mit der ihm eigenen Kraft und Rücksichtslosigkeit kurzerhand ausgetrieben habe.

Das Recht zu diesem Auftreten zeigte er aller Welt oder gab er vor aller Welt dadurch zu verstehen, daß er selbst sich der äußersten Einfachheit befliß. Die meisten der römischen Beamten hatten es schon sehr gut gelernt, in den Provinzen und den Unterthanenstädten die großen Herren zu spielen: sie machten die größten Ansprüche, wo sie einen Ort betraten, in dem sie sich als die Vertreter der Majestät des römischen Volks gebärden konnten. Cato dagegen, wird erzählt, begnügte sich, was damals schon für einen Prätor des römischen Volks unerhört war, zu seiner persönlichen Bedienung mit drei Sklaven: ohne Gefolge, nur von einem Diener begleitet, erschien er wohl in den Städten seiner Provinz und wies jede Art von Ehrengabe und Geschenk, wie man sie schon herkömmlich dem Statthalter bieten zu müssen glaubte, stolz und barsch zurück. Er that dies mit vollem Bewußtsein, denn er war vollkommen entschlossen, sich dem Geiste, welcher der regierenden Klasse mehr und mehr sich bemächtigte, und der sich bereits in sehr vielen und bedenklichen Symptomen äußerte, mit rückhaltloser Energie entgegenzuwerfen. Auch stand er nicht allein: um den alten Fabius her hatte sich eine, wie anzunehmen, ansehnliche Zahl von Senatoren, Adeligen und Bürgern, eine Art Schule gesammelt, was man jetzt etwa als konservative Partei bezeichnen würde. Sie hatte, wie fast unnötig ist hinzuzusetzen, keine großen und schöpferischen Gedanken, da sie vor allem das Alte, Überlieferte, Bestehende zu erhalten beflissen war, sich vorzugsweise auf die Bauerschaft stützte, deren beschränkte Gesichtspunkte sie teilte: und es widerfuhr ihr, was konservativen Parteien leicht begegnet, daß sie einfach alt und gut als gleichbedeutend nahm. Zu dieser Partei gehörte Catos Gutsnachbar Valerius Flaccus, und es wird wohl gegangen sein, wie es allerwärts geschieht, wo ein lebhaft bewegtes öffentliches Leben waltet: die beiden Männer nicht allein, sondern die Partei selbst, der sie angehörten, wird für sie das Konsulat ins Auge gefaßt haben: man stellte sie als Bewerber für das Jahr 195 auf. Ohne Zweifel wird Catos Absehen auf dieses Ziel gerichtet gewesen sein, seitdem er aus Sardinien zurückgekehrt war: im übrigen wissen wir von dieser Zwischenzeit 197 und 196 nichts weiter, als daß er im Jahre 197 bei einem Gesetz, das einer der Volkstribunen des Jahres, P. Porcius Luca, einbrachte, und welches, an den alten Provokationsgesetzen weiterbauend, schwere Strafen auf Stäupung oder Tötung eines römischen Bürgers setzte, das Wort ergriffen hat. Er wird daneben Muße genug gefunden haben, seiner Gutswirtschaft zu leben, denn diese Jahre waren im allgemeinen frei von schwierigeren oder aufregenden Staatsproblemen. Im Herbst 197 war die Nachricht von dem entscheidenden Sieg in Thessalien angelangt, und es muß im Schoße des Senats viel von den Bedingungen, unter welchen dem König von Macedonien der Friede zu gewähren sein würde, und von der künftigen Ordnung der griechischen Angelegenheiten die Rede gewesen sein: das Ergebnis, wie bekannt, war ein verhältnismäßig glimpflicher Friede mit Philipp und die Freierklärung der hellenischen Städte, welche auf dem isthmischen Feste im Jahre 196 durch den Sieger von Kynoskephalä T. Quinctius Flamininus erfolgte. Unmittelbarer vielleicht werden Cato, den Veteranen aus dem hannibalischen Kriege, die Beziehungen zu Karthago berührt haben. Dort hatte Hannibal, dessen Name dem Ohre der Römer dieser Tage so furchtbar klang wie etwa der Name Napoleons den Deutschen, welche die Jahre 1799 bis 1814 erlebt hatten, einen beherrschenden Einfluß auf den Staat gewonnen: er war einer von den seltenen Männern, die allenthalben wie von selbst und kraft eines natürlichen Rechts die erste Stelle einnehmen. Unglücklicherweise fehlt uns, wie überall bei dem staatsmännischen Wirken dieses außerordentlichen Mannes, die Möglichkeit, seine Pläne und Ideen uns im einzelnen zu vergegenwärtigen: es wird gemeldet, daß die von ihm in den Hintergrund gedrängte Partei, die korrupte Geldaristokratie, ehrlos genug gewesen sei, in Rom diese Stellung des großen Patrioten als auf eine auf die baldige Erneuerung des Kriegs gegen Rom hinzielende zu denuncieren, und daß dies soweit gelang, daß Hannibal von seinem Verbleiben in Karthago eine ernstliche Gefährdung seiner Vaterstadt befürchtete, und sich demgemäß entschloß, dieselbe zu verlassen, ehe von Rom aus das förmliche Verlangen der Auslieferung seiner Person gestellt wurde. Die Kunde, daß er sich nicht mehr in der Stadt befinde, erregte großes Aufsehen: noch größer war die Bestürzung, als man hörte, daß er sich nach Ephesus, an den Hof des Königs Antiochus von Syrien begeben habe und dort wohl aufgenommen worden sei. Nach einem Bericht würden diese Vorgänge erst im folgenden Jahr unter Catos Konsulat stattgefunden haben, was aber nicht wahrscheinlich ist.

Was die Komitien für die Konsulwahlen des Jahres 195 beherrschte, waren nicht die auswärtigen Fragen, sondern es waren die allgemeinen Gegensätze damaligen römischen Lebens — der Gegensatz des altrömischen, altlatinischen oder altsabinischen Wesens mit seiner Strenge, seinen beschränkten Anschauungen, seiner hausbackenen Sittlichkeit und der neuen, freieren, dem Hellenismus, der höheren griechischen Bildung zugewandten Schule, was diesmal, bei diesen Wahlen wie bei sonstigen Gelegenheiten, sich geltend machte. Die Wahl fiel im altrömischen Sinn: Valerius und Cato wurden gewählt. Verhältnismäßig jung, in seinem 39. Jahre, erstieg dieser mithin diese höchste

Stufe römischer Ehren. Es ist anzunehmen, daß der Einfluß des alten Patricierhauses, dem sein Freund angehörte, seine Erwählung beförderte, auch wird er bis zu einem gewissen, jedoch schwerlich sehr hohen Grade sich jenen Demütigungen vor den Wählern bequemt haben, ohne die das vielbegehrte Amt nun einmal nicht zu erlangen war — jenem persönlichen Werben um die Stimme des einzelnen Wählers, den man für die Tage der Bewerbung und der Wahl, wie ein späterer römischer Dichter sich ausdrückt, mit der höflichen Anrede Mein Vater oder mein Bruder zu seinem Verwandten machen mußte: auch er wird sich haben bequemen müssen, diesem und jenem gute Worte zu geben, von dem ihm gesagt wurde, daß er in seinem Bezirk besondern Einfluß habe: das meiste wird aber doch die schon anerkannte Bedeutung und das Eindrucksvolle seiner Persönlichkeit gethan haben, wie sie sich auch schon im Äußern, dem kraftvollen Körper, den scharfen und harten Zügen, der rauhen Stimme, dem hellen Auge aussprach, wozu dann kam, daß Männern dieser Art von selbst eine volkstümliche Ader innewohnt, die bei solcher persönlichen Berührung mit dem Volke ihre volle Wirkung, eben weil man sie nicht sucht, um so mehr zu thun pflegt.

Bei der Verlosung der Amtsgebiete, der Provinzen, fiel dem Valerius Italien, dem Cato Spanien zu. Doch blieb er lange genug in Rom, um bei einer legislatorischen Aktion, welche im Grunde doch nur von geringer Bedeutung war und mehr den Charakter einer Demonstration trug, mit Nachdruck aber ohne Erfolg sein Programm, wie wir uns ausdrücken, darzulegen. In den schwersten Zeiten des hannibalischen Krieges war nach dem Antrag eines Volkstribuns Spurius Oppius ein Gesetz gegeben worden, welches den römischen Matronen den Gebrauch von Wagen in der Stadt und deren nächster Umgebung verbot und in Beziehung auf Tracht und Goldschmuck ihnen lästige Beschränkungen auferlegte. Das Gesetz veraltete, begann durchbrochen zu werden, weil es in der Zeit des Sieges und der Herrschaft und des wachsenden Wohlstandes nicht mehr paßte: es war nicht mehr zu halten, und zwei von den Tribunen des Jahres, M. Fundanius und L. Valerius, beantragten seine förmliche Abschaffung. Allein die altrömische Partei und an ihrer Spitze der Konsul widersetzten sich: vielleicht eben dieser letztere Umstand steigerte die Aufregung in der Frauenwelt, die sich in einer äußerst lebhaften Agitation kundgab, an der sich die Frauen selbst in einer beinahe anstößigen Weise beteiligten. Der Geschichtschreiber Livius, der mit seiner Gabe feiner und frischer

Darstellung dem bedeutenden Mann gerecht zu werden sucht, bringt eine ausführliche Rede, welche Cato bei dieser Gelegenheit gehalten haben soll: es ist spätere Rhetorik, gemischt mit einigem, das entweder wirklich auf Cato zurückgeht, oder das wenigstens mit großem Geschick in seinem Geiste ausgedacht ist. Sie wäre überaus giftig gewesen, und daß Cato kein Freund der Frauen war, wissen wir aus gelegentlichen Äußerungen: „wir verkehrten noch mit den Göttern, wenn es keine Frauen gäbe", soll er einmal gesagt haben: hier sprach er von einer Secession der Weiber, die, wie dort in alten Tagen die römische Plebs, ihre Häuser verlassen hätten und nunmehr dem Senat und Volk von Rom ihren Willen als Gesetz vorschreiben wollten. Der Konsul nahm, daran ist wohl nicht zu zweifeln, den Anlaß wahr, eine große Philippika gegen den neuen Geist, der sich naturgemäß auch in Sitte, Tracht und Stellung der Frauen äußerte, zu halten: es war schwerlich die erste und sicher nicht die letzte. Diesmal vergebens: das Gesetz wurde abgeschafft.

Glücklicher, erfolgreicher war seine Thätigkeit in der Provinz, die ihm zugefallen war, und wo ein Mann seiner Art not that, Spanien. Nicht um zu erobern hatten die Römer ursprünglich die Pyrenäen überschritten: es war ihnen im Jahre 218 als eine harte Notwendigkeit der Defensive, die sie allerdings mit sehr richtiger militärischer Einsicht angriffsweise führten, auferlegt worden, und die Befriedung des Landes, welches im Jahre 205, also zehn Jahre vor Catos Konsulat, als Doppelprovinz, Land diesseits, Land jenseits des Iberus, eingerichtet worden war, ging nur sehr langsam von statten. Die Großmachtspolitik, welche für Rom eine Notwendigkeit geworden war, stellte schwere Aufgaben nach allen Seiten, für welche es dem römischen Staatswesen vorläufig noch sehr an Kräften fehlte, und besonders hier in Spanien war für diese Aufgaben eines geordneten und straffen Regiments, wie es im eigentlichen Machtbereich der römischen Republik sich ausgebildet hatte und in Italien, Sicilien, Oberitalien, Sardinien überall im Gange war, noch wenig vorgearbeitet. Die griechische Civilisation, die ihren Sitz in den wenigen Hellenenstädten an der Küste hatte, war noch sehr wenig landeinwärts gedrungen. Das eigentliche Innere, Alt- und Neukastilien nach unserer Benennung, war davon noch so gut wie unberührt und die Stämme der Eingeborenen, kriegerisch, fehdesüchtig, noch ohne Sinn für Gesetz und Beschränkung der Willkür, waren nicht geneigt, sich einer Ordnung, wie das römische Regiment sie verlangte, zu fügen. Im Jahre 197 war eine Insurrektion ausgebrochen, welche sich über beide Provinzen ausbreitete, und das einzig Günstige war, daß bei den ewigen Feindseligkeiten der Stämme untereinander immer ein Teil derselben mit Notwendigkeit zu den Römern hielt. Dies wußte auch Cato, der ganz der Mann für diese Aufgabe war, zu benutzen: indem er seine Kriegsmacht zusammenhielt, erfocht er einen entscheidenden Sieg, der ihm möglich machte, in der nördlichen Provinz, diesseits des Ebro, die Ruhe herzustellen. Es war eins in ihm, das einem fähigen Mann die Kraft verdoppelt: der feste Entschluß, das Land nur als ein völlig befriedetes zu verlassen: und der so einheitlichen, wohlgeleiteten römischen Macht konnten sich die kleinen geteilten und aufeinander eifersüchtigen Stämme, die mehr von ihren Leidenschaften getrieben wurden als von irgend einer verständigen politischen Erwägung sich leiten ließen, nicht halten und Cato konnte durchführen, was zunächst für die Einrichtung geordneter Zustände notwendig war — die Entfestigung einer großen Anzahl von Städten, auf welche der Widerstand sich gestützt hatte oder stützen konnte. Für einen und denselben Tag ordnete er an, mit Schleifung der Mauern zu beginnen: und da die römische Macht jeder einzelnen dieser Städte überlegen, zu einer Verständigung unter ihnen selbst aber keine Zeit war, so geschah es. Wir sehen in den Schilderungen den richtigen altrömischen Feldherrn, der die strenge Zucht, die er an sich selber übt, bei den Soldaten durchzusetzen weiß: er ißt und trinkt wie sie, Wasser mit Essig vermischt oder schlechten Wein: er nimmt einem ungeschickten Mann beim Schanzen Schaufel oder Hacke aus der Hand und zeigt ihm selbst, wie er sich anzustellen habe, er läßt seine Soldaten fleißig exerzieren und prüft das Einzelne mit scharfem Blick: es war dem gemeinen Mann eine stolze Erinnerung für sein ferneres Leben, wenn er vor ihm bestanden hatte, von ihm dekoriert oder befördert worden war. Zwei besondere Eigenschaften treten in unserm Berichte hervor, sie charakterisieren neben den sonstigen Tugenden den guten und wirksamen Truppenführer — der Nachdruck der strafenden Rede und der gute Humor. Die Predigt, die er einst seinen Reitern hielt, einem adeligen Corps, das sich wohl gelegentlich für gewöhnliche Soldatenarbeit zu gut achtete, hat er uns selber aufbewahrt, indem er sie einem seiner Bücher, von denen wir weiter vernehmen werden, einverleibte: „Überlegt es mit euren Gemütern, — wenn ihr etwas auf dem Wege der Arbeit recht gemacht habt, so wird jene Arbeit bald von euch weichen, die gute That aber wird, so lang ihr lebt, nicht weichen; aber wenn ihr etwas aus Vergnügen schlecht gemacht habt, so wird es mit dem Vergnügen bald vorbei sein, die nichtsnutzige Handlung aber wird immer bei euch bleiben." Die andere Seite, den Humor, den wir auch sonst an ihm gewahren, wie er überhaupt dem römischen Wesen nichts weniger als fremd war, vergegenwärtigt uns eine witzige Anekdote. Auf die besorgte Meldung eines Centurio oder Gemeinen seiner Truppe, daß in der Nacht das Schuhzeug einer Abteilung von Feldmäusen angenagt worden sei, entgegnet er gutgelaunt: „Das ist kein Monstrum — kein Unglückszeichen: ein richtiges Monstrum aber wäre es, wenn das Schuhzeug die Feldmäuse angenagt hätte."

Die einfache Art des äußeren Auftretens, wie einst in Sardinien, behielt er bei: zu Rom wußte man zu erzählen, daß er mit nur drei Sklaven sich auf die Reise gemacht habe, daß ihm aber glücklich noch im Weichbild der Stadt, bei der villa publica, eingefallen sei, daß dies doch für den Konsul des römischen Volks zu wenige sein möchten, und er deshalb noch auf dem Forum im Sklavenladen rasch zwei weitere habe kaufen lassen. Von dem, was uns heute am meisten interessieren würde, von der Art, wie er seine Provinz im einzelnen verwaltet hat, erfahren wir unglücklicherweise nichts weiter, als daß er für die bessere Ausbeutung der Metallschätze des Landes, ihrer Erz- und Silbergruben, bemüht gewesen sei, und daß er nicht, wie sonst die Statthalter, sich selbst zu bereichern gesucht habe, wohl aber die Provinz von Tag zu Tage reicher geworden sei: wir dürfen also denken, daß er die Ordnung und Strenge, mit der er zu Hause sein Gut verwaltete, sein Vermögen vermehrte, mit Glück auf die Administration der Provinz übertrug, in der er ein sehr gutes Andenken hinterließ: man muß sich gegenwärtig halten, daß in einem Lande, wie das damalige Spanien war, schon die strenge Durchführung einer bestimmten Ordnung und Geltendmachung einer durchgreifenden Autorität eine große Wohlthat war und eine unmittelbare Förderung des Wohlstandes in sich schloß. Es war eine rechtschaffene Verwaltung gewesen, und wenn es wahr ist, daß einer seiner Diener, der heimlich sich aus der Zahl der Kriegsgefangenen ein paar Knaben gekauft hatte, von Reue oder Furcht der Entdeckung ergriffen, sich erhenkt habe, um nicht seinem Herrn wieder unter die Augen treten zu müssen, so muß man zugestehen, daß hier die erste Bedingung gedeihlicher Regierung eines Landes — die unbedingte Autorität des Höchstgebietenden gegenüber seiner nächsten Umgebung, in vollem Maße vorhanden gewesen ist.

Im Frühling des Jahres 194 v. Chr., also nach einem verhältnismäßig kurzen Aufenthalt, kehrte er nach Rom zurück. Ohne

Zweifel seinem eigenen Wunsche entsprechend: denn der eigentliche Platz für sein Wirken war die Hauptstadt, der Mittelpunkt des Reichs und der Mittelpunkt des Kampfes der Gegensätze, in welchen sein Leben gestellt war. Die Konsulwahlen für das Jahr, die unter dem Vorsitz seines Kollegen Valerius Flaccus stattgefunden hatten, waren nicht in seinem Sinn ausgefallen: P. Cornelius Scipio, dieser zum zweitenmal, und neben ihm für die plebejische Konsulstelle Tiberius Sempronius Longus waren gewählt worden.

3. Catos ferneres politisches Leben und seine Censur.
(194—184 v. Chr.)

Für das, was Cato in Spanien geleistet hatte, wurde ihm der Triumpheinzug bewilligt, und er, der sein Licht nicht unter den Scheffel zu stellen gewöhnt war, berichtete vor dem Volke in einer längeren Rede über seine Thaten. Er wird dabei namentlich die Strenge und Uneigennützigkeit seiner Verwaltung hervorgehoben haben: wir wissen wenigstens, daß er später häufig auf diese Seite seiner hispanischen Wirksamkeit zurückgekommen ist. Das Volk aber interessierten offenbar die Ereignisse im Osten mehr und der dreitägige Triumph, den der aus Griechenland zurückkehrende T. Quinctius Flamininus im gleichen Jahre feierte, überstrahlte den seinigen weit. Und schon war hier im Osten ein neuer Krieg in Sicht: diplomatische Verhandlungen mit dem König Antiochus von Asien erfüllten das Jahr 194 und die beiden folgenden, und wie ernst man diese Dinge nahm, beweist, daß Scipio schon für dies sein zweites Konsulat Macedonien als Amtskreis begehrte — was darauf hinauskommt, daß er dem stets unruhigen und aufgeregten Griechenland und dem König von Asien gegenüber eine energische Politik verlangte. Dazu kam es jedoch nicht und diesmal war nicht davon die Rede, wie neun Jahre früher, sich durch das Volk übertragen zu lassen, was der Senat ihm verweigerte. Scipio hatte sich mittlerweile in die gewöhnliche Ordnung gefügt, war ein vornehmer Herr wie die andern und nur der Vornehmste dieser Vornehmen geworden, und gerade sein Konsulat wurde durch eine an sich unbedeutende aber doch als Symptom wichtige Maßregel bezeichnet, die vieles Murren unter dem Volke hervorrief: bei den in jenem Jahre zuerst gefeierten Megalesien, Spielen zu Ehren der „großen Mutter", der phrygischen Naturgöttin, deren Symbol und Kult im Jahre 205 unter großen Feierlichkeiten in Rom eingeführt worden war, saßen die Senatoren auf besonderen Rangplätzen, getrennt von der übrigen Menge. Aber über die im Osten zu befolgende Politik war offenbar unter der Aristokratie Meinungsverschiedenheit. Flamininus vertrat die mildere Seite, er nahm die Intriguen eines Teils der Griechen mit dem syrischen König und ihre großen Worte weniger ernst, und wollte den von ihm selbst in Griechenland geschaffenen Zustand bewahren, also den Krieg vermeiden, während der scipionische Kreis einer energischen Politik, einer Kriegspolitik, das Wort redete. Beide Coterien stellten Kandidaten für die Konsulwahl 192: die Quinctier siegten: ein Bruder des Siegers von Kynoskephalä und für die plebejische Stelle ein Domitier wurden gewählt. Noch zwei Jahre wurde der Krieg hintangehalten, wieder ein Beweis, wie wenig überlegt die Redensart von der römischen Eroberungssucht ist: beiden Konsuln wurde Italien als Amtskreis angewiesen. Aber dies konnte nicht dauern: für 191 wurde ein Cornelius Scipio als einer der beiden Konsuln gewählt, und der Krieg brach aus. Es ist bekannt, daß dieser Krieg in zwei Akten rasch sich entschied: auf europäischem Boden durch ein Gefecht an der berühmten Stätte von Thermopylä (191), welches den König bewog, Griechenland sich selbst zu überlassen, und im folgenden Jahre (190) auf asiatischem Boden durch die Schlacht bei Magnesia am Sipylusberge, welche ihn zu einem raschen Friedensschlusse bestimmte.

In Wahrheit hatte der Krieg keinen Augenblick für Rom gefährlich oder auch nur zweifelhaft gestanden. Man hatte ihn aber zu Rom sehr ernsthaft genommen, die Stimmung im Volke war durch allerlei Prodigien aufgeregt, und die bedeutendsten Männer der verschiedenen Parteien oder Richtungen im Staate stellten sich für denselben dem Lande zur Verfügung. So vor allem P. Cornelius Scipio, der Sieger von Zama, der sich bereit erklärte, seinen Bruder Lucius, den Konsul (190), als Legat ins Feld zu begleiten und der dann in Wahrheit die Operationen leitete; so die Konsulare vom Jahre 195, Valerius Flaccus und Cato, welche, löblicher Sitte unter dem römischen Adel gemäß, sich als Kriegstribunen in das Heer einstellten, dessen Führung der Konsul M'. Acilius Glabrio im Frühling 191 zu Apollonia übernommen hatte. Der Grund, weshalb man diesen Krieg so ernsthaft nahm, und der sicherlich ganz besonders auch Cato bestimmte, wieder die Waffen zu ergreifen, lag besonders darin, daß Hannibal auf der Gegenseite zu finden war. Der Kriegsplan, den sein Name gleichsam an und für sich schon bedeutete, und den er auch dem König Antiochus in der That vorschlug, war der einer Vereinigung aller Rom feindlichen, also aller von der römischen Übermacht bedrohten aber noch unabhängigen oder halbunabhängigen Mächte. Dieser Plan, der, groß gedacht, vor allem zu seiner Ausführung einen freien und hohen Sinn erfordert hätte, scheiterte, wie bekannt, an der Mittelmäßigkeit, die zwar den Zweck, aber niemals die rechten Mittel zum Zweck will, und an den kläglichen Intriguen, welche an diesem Hofe und in der herabgekommenen griechischen Kleinstaatenwelt für Politik galten.

Cato für seinen Teil war bei der Aktion in den Thermopylen zugegen und führte jene Umgehungsbewegung über den Kallidromos — dieselbe, die einst im Jahre 480 die Perser ausgeführt hatten, im nächtlichen Marsch wie einst die persischen „Unsterblichen" unter Hydarnes, mit Glück und Umsicht durch und erschien in der Morgenfrühe im Thale, wo er die Niederlage der Königlichen und ihrer nachlässigen Verbündeten, der Atoler, die ihm jene Umgehung nicht gewehrt hatten, vollendete. Sie war sehr vollständig: mit nur 500 Reitern erreichte König Antiochus Chalkis auf Euböa, und gab den Krieg in Europa auf. Den ferneren Krieg machte Cato nicht mit. Er erhielt den Auftrag, dem Senat persönlich Bericht zu erstatten; ein bequemer Unterfeldherr wird er, schroff und eigenwillig wie er war, schwerlich gewesen sein. Man weiß, daß er unterwegs in einzelnen griechischen Städten, unter anderen zu Athen, verweilt und dort auch gesprochen hat: von einer Rede, die er hier gehalten hat, ist noch ein Fetzen erhalten: „Antiochus führt den Krieg mit Briefen, er liegt zu Feld mit Tinte und Rohr." Man mußte übrigens seinem Publikum die Rede verdolmetschen, denn er, der römische Senator, ließ sich nicht herab, griechisch zu reden, während andere römische Staatsmänner sich darin gefielen, in der damaligen Weltsprache gelegentlich auch öffentlich sich vernehmen zu lassen. Die Griechen selbst, welche nicht zweifelten, an der Spitze der Civilisation zu marschieren, nahmen es wie etwas Selbstverständliches hin, daß man vor ihnen, dem auserwählten Volke, griechisch sprach: eben dies würde, selbst wenn er die ihm sonst wohlvertraute Sprache völlig beherrscht hätte, für Cato ein Grund gewesen sein, auf diesem Boden lateinisch zu sprechen.

Cato war also längst wieder in Rom, als die siegreichen Brüder Scipio aus Asien zurückkehrten. Der Krieg sollte auch im Innern und mehr noch als in der auswärtigen Politik bedeutende Folgen nach sich ziehen. Im Jahre 190 triumphierte sein Oberfeldherr M'. Acilius Glabrio, der mittlerweile die Verbündeten des Antiochus und Hauptanstifter dieses Kriegs, die Ätoler, überwältigt hatte: auch der Prokonsul Qu. Minucius Thermus, der im Jahre 193 Konsul gewesen war und in dem endlosen Kriege gegen die Ligurier in der Nordwestecke Italiens einen großen Sieg erfochten haben wollte, begehrte den Triumph. Bei der Verhandlung über diese Ehren hat Cato zweimal das Wort ergriffen: man las noch in späteren Zeiten, wo alles Alte aufs neue enthusiastische Verehrer fand, beide Reden, in denen er den Prokonsul aufs heftigste angriff: danach hätte er auch dessen ganze Verwaltung einer herben Kritik unterworfen, ihm die Fälschung von Schlachtberichten, „falsche Schlachten", in denen er von 9000 gefallenen Feinden gesprochen, vorgeworfen und vor allem in der nachdrücklichsten Sprache die Schandthat aufgedeckt, die der Beamte des römischen Volks begangen, indem er zehn Männer, die Decemvirn einer Bundesstadt, zehn freie Häupter, durch bruttische Sklaven ohne Urteil und Recht und Prozeß habe töten lassen. Die wenigen Worte, die noch übrig sind, sprechen uns durch den echten Ausdruck sittlicher Entrüstung an und beweisen, daß man ihn mit großem Recht als Ankläger fürchtete, weil er in seine zornige Rede die volle Kraft einer ehrlichen Überzeugung und einer machtvollen Persönlichkeit zu legen wußte.

Ein alter Schriftsteller führt auf diesen ersten Krieg, der auf asiatischem Boden ausgefochten wurde, die Verschlimmerung der römischen Sitte bei hoch und niedrig zurück. Vielleicht nicht ganz ohne Recht, wenngleich diejenige Art Luxus, welche in den hellenischen Ländern zu Hause war, längst auf sehr verschiedenen Wegen, und namentlich durch den Handel und das Sklaventum, das einen Teil dieses Handels bildete, in der römischen Welt Eingang gefunden hatte und durch diesen sieg- und beutereichen Krieg nur verstärkt worden war. Von unmittelbarer Wichtigkeit vielleicht war, daß P. Cornelius Scipio, den zum mindesten Cato von früher her als den Hauptvertreter der neuen Art und Sitte ansah, mit neuaufgefrischter Autorität und Popularität aus dem siegreich geführten Kriege zurückgekommen war. Catos Art war es nicht, einem Kampfe auszuweichen: er und mit ihm sehr viele, die ganze altrömische Partei, achteten es an der Zeit, die Verteidigung altrömischer Einfachheit und Rechtschaffenheit angriffsweise zu führen und es gab nur eine Stelle, von der aus dies wirksam geschehen konnte: die Censur. Die beiden Konsulare P. Valerius Flaccus und M. Porcius Cato traten als Bewerber auf. Dies Amt war von den

Vätern eigens zu diesem Zwecke, der Kontrolle und wo möglich und nötig der Reform der öffentlichen Sitte geschaffen worden oder es hatte sich wenigstens in diesem Sinn entwickelt. Die Censoren wurden, und zwar gemeinhin aus der Zahl derer, welche schon das Konsulat bekleidet, also von Gunst und Abgunst des Volkes nichts mehr zu erwarten hatten, auf fünf Jahre gewählt, und das Amt konnte der Regel nach nicht zweimal von demselben Mann bekleidet werden: es schloß die Beamtenlaufbahn einmal für allemal ab. Es wirkte ganz durch seine innere Bedeutung und Autorität: die Censoren hatten kein Imperium und waren nicht, wie die Konsuln oder Prätoren, von Liktoren begleitet: aber sie hatten ein außerordentlich wichtiges Departement und eine weitgehende diskretionäre Gewalt. Sie hatten die Verpachtung der öffentlichen Einkünfte zu besorgen, sie konnten gewisse Arten von Steuern auflegen, sie konnten nützliche Bauten veranlassen, und beaufsichtigten deren Ausführung wie die ganze Verwaltung des Staatsguts; sie konstatierten bei der großen Musterung und Schätzung, dem Census, die Vermögensverhältnisse der Bürger, und konnten dabei, indem sie die einzelnen Bürger in ihre Klasse einwiesen, empfindliche Ehrenstrafen durch Versetzung aus einer höheren in eine niedrigere Klasse, durch Streichung von der Ritterliste, die dem Betreffenden, wenn er mit den andern vor dem Censor vorbeidefilierte, mit der Formel: „verkaufe dein Pferd" insinuiert wurde u. a. verhängen: es stand ihnen nichts im Wege, auch wo eine eigentliche Bestrafung nicht erfolgte, die schlimmste von allen, eine öffentliche Rüge bei jener feierlichen Gelegenheit, auszusprechen. Die furchtbarste unter diesen furchtbaren Waffen in der Hand eines furchtlosen Mannes war die Befugnis der Lektio Senatus — die Revision der Senatorenliste und deren Ergänzung. Das Amt erforderte, wie man sieht, einen Mann von Charakter und einem solchen gab es einen gewaltigen Einfluß auf dem dehnbaren Gebiete der Sitte: und die Männer der neuen Art, welche mit den engen Begriffen und pedantischen Vorurteilen der alten Zeit auch einen guten Teil ihrer sittlichen Strenge und Gewissenhaftigkeit hinter sich geworfen hatten, der Kreis, der um Scipio und Flamininus sich sammelte, hatte Grund, eine Catonische Censur zu fürchten. Sie setzten ihren ganzen Einfluß ein, seine Bewerbung zu vereiteln. Aus der patricischen Aristokratie meldete sich T. Quinctius Flamininus selbst und ein Cornelius Scipio — aus der plebejischen ein Claudius Marcellus und der frühere Imperator der beiden Kandidaten der altrömischen Partei, M'. Acilius Glabrio. Man sieht bei dieser Gelegenheit, wie diese Wahlen der Intrigue, dem Wahlmanöver ein weites Feld ließen, so gut und besser noch als heutige Wahlen: man wußte es zu veranstalten, daß gegen Glabrio eine Klage wegen Unterschlagung von Kriegsbeute erhoben und Cato dabei selbst als Zeuge vorgefordert wurde. Er that, was er mußte, sagte aus, was er wußte: Acilius Glabrio wurde verurteilt, und darüber erbittert werden manche von den Anhängern des Acilius, der nicht mehr als Bewerber um die Censur in Betracht kam, nunmehr für Flamininus und für den jetzt einzig übrigen Gegenkandidaten Catos, Marcellus, gestimmt haben: dieser und Flamininus wurden gewählt. Es war eine sehr empfindliche Niederlage, welche die altrömische Partei erlitt: und in welchem Geist die neuen Censoren ihr Amt zu verwalten gedachten, bewies der Umstand, daß sie den Sieger von Zama, Scipio Afrikanus, dem Cato von jeher seine besondere Antipathie gewidmet hatte, zu der hohen Ehrenstellung des Princeps Senatus, des ersten Votanten im Senat, ernannten. Bei der Lektio des Senats wie bei der Musterung der Bürgerschaft ging es sehr glimpflich zu, der Kampf der beiden Richtungen aber wurde mit Erbitterung fortgesetzt und trat jetzt gewissermaßen in ein akutes Stadium.

Es geschah vieles in den nächsten Jahren, was geeignet war, den Gegensatz zu verschärfen. Die Beziehungen zu den Griechen, namentlich den Ätolern, den hartnäckigen Verbündeten des Königs Antiochus, waren neu zu regeln, und man bekam im römischen Senat selbst Proben jener Art gedunsener Beredsamkeit zu hören, welche das gesunkene Griechenland dieser Zeit charakterisiert; ein Schriftsteller späterer Tage, der Geschichtschreiber T. Livius, der vor andern eine blühende Sprache zu schätzen weiß, führt die Rede eines athenischen Gesandten Leon, der für die Ätoler eintrat, als Muster eines grell und ins Abgeschmackte sich verirrenden Redestils an, und was er aus dieser Rede mitteilt, rechtfertigt vollkommen die Verachtung, mit welcher er spricht. Triumpheinzüge über Triumpheinzüge bekam man in Rom zu sehen: zwei im Jahre 189, unter diesen den des L. Cornelius Scipio, den man, nachdem er den Frieden mit dem König von Asien zustande gebracht hatte, seinem Bruder Afrikanus zulieb Asiatikus oder mit einer lächerlichen und sinnlosen Bastardform Asiagenus nannte: daß es bei diesem Triumph an Prunk- und Prachtstücken nicht fehlte, läßt sich denken. Gegen diese Ehren erhob sich kein Widerspruch, dagegen gab es heftigen Streit, als die Konsuln dieses Jahres, Cn. Manlius Vulso und M. Fulvius Nobilior, gestützt auf sehr zweifelhafte oder mehr als zweifelhafte Verdienste, dieselbe Ehre verlangten. Jener, Manlius, dem Asien als Provinz zugefallen war, hatte, nachdem er das Heer Scipios in Ephesus übernommen, ganz ohne Not und Veranlassung, wie die Gegner ihm vorwarfen, einen Kriegszug gegen die Galater unternommen, den Rest jener Gallier, die einst als Raubscharen Kleinasien heimgesucht hatten, jetzt aber, und schon seit längerer Zeit, ein friedliches und seßhaftes Volk geworden waren; er hatte dabei schwere Beute gemacht, einen Teil derselben aber, Schimpf über Schimpf, auf dem Rückmarsch aus Asien an thrakische Raubstämme verloren. Sein Kollege Fulvius stützte sein Verlangen darauf, daß er die Ätoler und die Insel Kephallenia überwunden habe, was zwar nicht, wie der Zug des Manlius, eine schändliche, aber eine gewöhnliche, unbedeutende, der höchsten Belohnung durchaus nicht werte Handlung gewesen war. Bei der Verhandlung über die Ansprüche des Fulvius hat Cato sich beteiligt: er warf ihm u. a. vor, daß er sich Poeten — er meinte einen sehr namhaften und angesehenen Dichter der Zeit, Qu. Ennius — mit in die Provinz genommen habe: er tadelte, daß Fulvius für ganz unbedeutendes Verdienst militärische Ehrenzeichen an seine Soldaten verschwendet habe — er wird nicht verfehlt haben, die Parallele zu ziehen, daß Fulvius jetzt vom Senat ein Gleiches, einen Ehrenkranz für ein Nichts begehre. Bei den Verhandlungen über die Sache des Manlius scheinen die Leidenschaften stärker erregt gewesen zu sein, und Cato wird dieser Verhandlung nicht völlig fremd geblieben sein, wenn auch von einer unmittelbaren Beteiligung nicht die Rede ist. Ein sehr bedeutender und achtungswerter Mann vertrat diesmal im Senat die römische Staatsehre, ein Sohn jenes Konsuls, der bei Cannä so rühmlich gefallen war, L. Ämilius Paulus, der auch mit voller Sachkunde sprach, weil er einer von den Senatskommissären gewesen war, die man dem Manlius beigegeben hatte, um ihn bei Erfüllung seines Auftrags, des einzigen, den er erhalten, der Durchführung des mit Antiochus geschlossenen Friedens, zu unterstützen. Neuere Beurteiler haben den Manlius damit gerechtfertigt, daß er die Macht, die er zur Hand gehabt, benutzt habe, um die Kelten, das unverbesserliche Raubvolk, ein für allemal zur Ruhe zu verweisen: ob die Mehrheit des Senats ähnlich dachte, ob Coteriengeist oder der Wunsch, die Höchstkommandierenden nicht zu „desavouieren", wie man heute diese Rücksicht der Staatsraison nennt, — man entschied sich für die Bewilligung des Triumphs.

Im Großen jedoch verfuhr man nicht nach dem System, von

welchem Manlius ein so schimpfliches oder zum mindesten so anfecht=
bares Beispiel gegeben hatte. Man machte den Antiochus unschädlich,
wie man acht Jahre früher Philipp von Macedonien unschädlich gemacht
hatte. Vor allem zog man ihm die Grenzen seines Reiches enger.
Alles Land westlich vom Taurusgebirge und dem Halysfluß trat er
ab, und seine sehr geschmälerte Kriegsflotte durfte in westlicher Richtung
nicht über die Vorgebirge Kalykadnus und Sarpedonium, also nicht
über die Mitte der Küste Ciliciens hinaussegeln. Die von dem König
abgetretenen Länder aber machte man nicht zu Provinzen, wie Sicilien
und Spanien, man nahm sie nicht in unmittelbare Verwaltung, sondern
belohnte damit die Treue der Verbündeten, des Königs von Pergamum
und der Republik Rhodus; auch König Philipp von Macedonien
erhielt einigen kärglichen Lohn für die Loyalität, mit welcher er die
Römer in diesem Kriege unterstützt hatte. In Griechenland änderte
sich nichts, und nur das eine zeigte sich deutlich genug und immer deut=
licher, — daß hier von einem maßvollen Gebrauche der Freiheit, wie ihn
Flamininus ihnen gepredigt hatte, nicht die Rede war: unaufhörlich
war die römische Intervention nötig, um diese Klein= und Zwergstaaten
einigermaßen im Zaum zu halten, welche jeden Augenblick Lust zeigten,
sich in die Haare zu fahren. Daß diese Händel, die Einmischung in
diese Intriguen, die selbst oft nicht ohne Intrigue durchzuführen war,
keinen günstigen Einfluß auf die römische Aristokratie ausübten, war
nicht zu verkennen und kaum zu verwundern.

Die Niederlage, welche die altrömische Partei bei Gelegenheit der
Bewerbung ihrer beiden Führer um die Censur erlitten hatte, und der
Umstand, daß sie für den Augenblick im Senat noch in der Minder=
heit war, entmutigte sie nicht: einen Mann von Catos Art werden
diese Schwierigkeiten eher gereizt haben. Es war oder schien Material
genug vorhanden, um eine Anklage gegen die Scipionen — das hieß,
da der Konsul des Jahres 190 allen Nachrichten zufolge ein ganz
unbedeutender Mann war, und sein Bruder, der Besieger Hannibals,
in Wahrheit alles gethan hatte, einen Angriff gegen diesen, Publius
Cornelius Scipio Afrikanus zu begründen. Es geschah im Jahre 187,
dem Jahr der Triumphe des Manlius und Fulvius, durch einen An=
trag des Tribuns Petillius, eine „Lex betreffend das Geld des Königs
Antiochus", und obwohl im einzelnen vieles dunkel ist, so sieht man
doch, daß es eine große politische Aktion war, bei der von beiden
Seiten mit der größten Erbitterung gestritten worden ist. Schon als
die Sache — man weiß nicht von wem und in welcher Form vor=

gebracht — im Senat zur Sprache kam, entwickelte sich eine lebhafte Scene: Scipio sprach mit Entrüstung davon, daß das nicht ordnungsmäßig verrechnete Geld gegenüber den Summen, welche durch sein und seines Bruders Verdienst in den römischen Staatsschatz geflossen seien — das Beutegeld aus dem antiochischen Krieg betrug in der That 200 Millionen Sesterzen, also gegen 44 Millionen Mark unsres Geldes — doch sehr geringfügig wäre, und wurde dabei so heftig, daß er das Buch oder die Tabellen, auf welchen die Ziffern verzeichnet waren, vor aller Augen zerriß. Als Petillius oder ein anderer der Tribunen — M. Nävius wird genannt — die gehässige Sache vor einer Volksversammlung verhandelte, fügte sich's, daß der zweite Tag der Verhandlung der Jahrestag der Schlacht bei Zama war. Diesen Umstand benutzte Scipio geschickt: mit der ganzen Selbstgewißheit, mit der er in seinen jungen Jahren die Gemüter der Menge zu erobern gewußt hatte, erinnerte er die Versammlung daran: er forderte sie auf, ihm nach dem Kapitol zu folgen, dort werde er den Göttern ein Dankopfer für jenen Sieg darbringen. Dies geschah, die Anklage wurde so zu einer Art Triumphzug, aber sie endigte damit nicht. Vielmehr wurde sie jetzt erst recht ernsthaft: das Ansehen und die Macht des tribunicischen Amtes stand jetzt auf dem Spiel. In welcher Weise Cato in diesen Handel eingegriffen, in welchem Stadium des großen Staatsprozesses er seine Rede „vom Gelde des Königs Antiochus" gehalten hat, ist nicht zu ermitteln, da uns außer diesem Titel nichts von ihr überliefert ist, und fast möchte man aus diesem letzteren Umstande schließen, daß er, was auch sonst glaublich ist, nicht etwa die ganze Aktion geleitet, sondern dabei nur in zweiter Reihe gestanden hat. Livius freilich sagt von ihm bei dieser Gelegenheit und in diesem Zusammenhang, er sei gewohnt gewesen, die Größe Scipios „anzubellen", er sei der vornehmste seiner Feinde gewesen und unwillkürlich stellt man bei dieser Gelegenheit die beiden Männer sich gegenüber, in denen der große Gegensatz des alten und des neuen Roms verkörpert war, und die im Äußern und Innern, nach Charaktereigenschaften, Grundsätzen, Laufbahn fast notwendig Gegner sein mußten. Der eine, Patricier von uraltem Geschlecht, geboren zu einer Zeit, wo dieser Zweig der Cornelier, die Familie der Cornelii Scipiones, in vollster Blüte stand, reich, von gefälliger Erscheinung, gewinnendem Wesen, begann seine Laufbahn, indem er als Sohn des regierenden Konsuls ins Heer eintrat. Die ungeheuersten Unglücksfälle, welche das Vaterland und sein Haus trafen — für ihn waren sie nur ebenso viele Stufen, auf denen er mit wenigen Schritten die Höhe des Ruhms und der Macht erstieg; während alle anderen Feldherrn Mühe gehabt hatten, den italischen Boden zu verteidigen, war es ihm vorbehalten, den Krieg nach Afrika hinüberzutragen, die Frucht einer sechzehnjährigen Verteidigung, der heroischen Ausdauer seiner ganzen Nation erntend gewann er den entscheidenden Sieg über den noch von keinem Römer besiegten Gegner: und bald machte er auch mit dem Senat seinen Frieden und wurde der vornehmste Mann und die vornehmste Stütze der Aristokratie, ohne doch den Boden im Volke, den Platz im Herzen seiner Nation zu verlieren. Nach Herkunft und Schicksalen, in äußeren wie inneren Eigentümlichkeiten war Cato sein Gegenbild: ein Plebejer aus einem bis dahin namenlosen Geschlecht, bescheidenen Besitzes, im Heer- und Staatsdienst langsam, mühsam wie die Vielen emporsteigend, ohne irgend einen jener äußeren Vorzüge, welche dem Aufstrebenden die ersten Schritte erleichtern, und selbst bei der Partei oder dem Teile des Volks, auf den er sich stützen mußte, mehr gefürchtet oder höchstens geachtet als beliebt: mit keinerlei besonderer Gunst der Götter begnadigt, als etwa einem eisernen Körper, der Narben genug zeigte, aber in einem langen Leben niemals von ernsthafter Krankheit angetastet wurde.

Den Verdrießlichkeiten dieses Prozesses, bei dem, wie bei allen ähnlichen Gelegenheiten, nicht bloß der principielle Gegensatz und die politische Feindschaft, sondern auch Haß und Gemeinheit, welche aus niedrigeren Sphären stammen und aus trüberen Quellen gespeist zu werden pflegen, Haß und Neid, wie sie jeder hervorragende Mensch schon durch die eine Eigenschaft feiner, edler, reinlicher zu denken als die Masse, sich fast mit Notwendigkeit zuzieht, sich gegen ihn gewendet haben werden, — diesen Verdrießlichkeiten entzog sich Publius, indem er aus der Hauptstadt weg sich auf einen ländlichen Sitz nach Liternum in Campanien begab. Ein Philosoph und Hofmann des ersten Jahrhunderts unserer Zeitrechnung, Seneca, der diesen Landsitz in Augenschein nahm und einen seiner Briefe von dort datiert, fand die Einrichtung im Gegensatz zu seiner eigenen Zeit sehr einfach, wie denn die Begriffe von dem, was Luxus heißt, mit den Zeiten wechseln: dort ist Scipio wahrscheinlich im Jahre 183, demselben in dem Hannibal endigte, gestorben. Der weiteren Verfolgung des Prozesses gegen Lucius Scipio machte die Intercession des Tribuns Tiberius Sempronius Gracchus ein Ende, welche hier wohl angebracht war, wo die mittelbare Strafe, die in einem so peinlichen und ärgerlichen Prozesse liegt, längst das Maß der Verschuldung, sofern solche überhaupt vorhanden gewesen war, weit überstieg, und nur der Parteihaß, der nie zu ersättigen ist, noch ein Interesse an seiner Fortsetzung haben konnte.

Der Rücktritt des Publius Scipio von der politischen Bühne war für die Gegenpartei in jedem Falle sehr günstig, und diese Partei nahm ihren Plan, das Censorenamt für das nächste Lustrum an ihre Vorkämpfer Cato und Flaccus zu bringen, und so eine Reaktion im altrömischen Sinne herbeizuführen, mit aller Energie wieder auf. Denn die verderblichen Folgen der Verbindung mit den östlichen Ländern traten immer wieder in deutlichen und ärgerlichen Symptomen zu Tage, und es fügte sich, daß ein großer, weit und tiefgreifender Standal die Notwendigkeit einer „freien und tapferen" Censur als Heilmittel vor aller Augen offen legte und so mehr als alles die Kandidatur der beiden Männer beförderte: es war die große Konjuration, wie man es bezeichnete — ein bacchischer Geheimdienst mit allerlei grobem Unfug und schweren Greueln, dem man im Jahre 568 der Stadt, 186 v. Chr., auf die Spur kam.

Die Umwandlung der italischen Föderation in ein Weltreich, und die Umwandlung der italischen Bundeshauptstadt in den Mittelpunkt der civilisierten Welt, hatte sich mit solcher Raschheit vollzogen, daß die seitherigen Organe der Regierungsgewalt, welche zugleich Organe der Reichsregierung und der Stadtverwaltung waren, den mit jedem Tage großartiger und weitläufiger sich gestaltenden Verhältnissen so schnell nicht folgen konnten. Eine eigentliche Beschreibung des damaligen Lebens in der Stadt Rom giebt uns keiner der uns erhaltenen Schriftsteller: man muß aus zerstreuten Zügen sich ein ungefähres Bild zu gestalten suchen: in jedem Fall war es in dieser Zeit raschen Wechsels und Wachstums belebter, an Anregungen in gutem und bösem Sinn reicher und mannigfaltiger als zu irgend einer andern Zeit. Fürstliche Besuche und deren Gefolge, um nur eine dieser Einwirkungen zu erwähnen, fremde Gesandtschaften aus allen möglichen Ländern und ihre Dienerschaft, Geiseln, Sklaven, zufällige Besucher führten allerlei neue Sitten und Bedürfnisse mit sich, und zogen manche neue Industrie groß, um diesen Bedürfnissen zu genügen: und eine Industrie hatte bei solchen Verhältnissen und den Lebensbedingungen des Polytheismus einen goldenen Boden, die religiöse. Es war, so viel wir sehen, bei der ausgesprochenen „Götterfurcht", der Deisidämonie des Volks immer ein gutes Geschäft auf italischem Boden gewesen, in Religion zu spekulieren, und man darf nur die endlosen Prodigien, die ernsthafte Art, wie sie im Senat behandelt, und die Umständlichkeiten und Seltsamkeiten bei ihrer Sühnung und Unschädlichmachung, wie sie uns Livius in den Büchern, welche der Geschichte des zweiten punischen Krieges gewidmet sind, vorführt, sich vergegenwärtigen, um zu sehen, wie dieser Hang zu allerlei „Religionen" in den schweren Kriegsläuften sich gesteigert hatte. Im Jahre 186 kam man durch die Anzeige, welche ein gewisser Äbutius bei einem der Konsuln des Jahres machte, einem schweren Unheil auf die Spur, das sich wohl schon länger in einzelnen Symptomen bemerkbar gemacht, aber nicht hatte fassen lassen — einem Verbrecherbunde, der unter der Maske eines bacchischen Geheimdienstes von Etrurien aus, wohin ein griechischer Opferprophet die ersten Keime gebracht hatte, über ganz Italien sich verbreitete und verzweigte. Bei nächtlichen Zusammenkünften — so erfuhr man durch eine Freundin des Äbutius, eine spanische Freigelassene, die früher als Sklavin ihre Herrin begleitet und so Kenntnis von dem wahren Wesen dieser Bacchusweihen erhalten hatte — würden allerlei Greuel geübt, Mordthaten, Testaments- und andere Fälschungen, Meineide und sonstige Verbrechen geplant und verabredet, und es seien der Geweihten viel, die Verschworenen bildeten ein ganzes Volk: mit Mühe brachte man die Hispanierin zu ihren Enthüllungen, da sie offenbar nicht wußte, ob sie sich mehr vor der Obrigkeit, der sie ihre Mitteilungen machte, oder vor der Rache der Verschworenen oder vor der Strafe der Götter, deren furchtbare Geheimnisse sie verriet, fürchten sollte. Mit jener furchtbaren Energie, welche das römische Regiment kennzeichnete, wo es einmal zum Handeln sich aufraffte, ward eingeschritten, sobald erst eine Handhabe gegeben war. Der Senat gab die nötigen Vollmachten, die Konsuln, indem sie zu Anzeigen aufforderten, und diejenigen zu beruhigen suchten, welche sich durch religiöse Skrupel von Denunciationen würden abhalten lassen, ließen die Thore der Hauptstadt schließen und militärisch besetzen, und sofort, schon am ersten Tage, that man einen reichlichen Fang. Man untersuchte weiter und fand, daß die Neueintretenden durch eine scheußliche Formel zu jedem Verbrechen verpflichtet zu werden pflegten. Die Energie der Staatsgewalt — auch die niederen Magistrate wurden mit Vollmachten versehen — entsprach der Ungeheuerlichkeit des Übels: wer auf jene Formel geschworen hatte, wurde ohne viele Umschweife hingerichtet und besonders grauenvoll berührt es uns, daß bei den Frauen, deren eine große Zahl in dies Komplott verwickelt war, die Vollstreckung des Todesurteils ihren Anverwandten, in deren „Hand" sie waren, ihren Vätern, Brüdern, Gatten also, anbefohlen wurde: welche Scenen müssen im Innern der Häuser sich abgespielt haben: wo man hier über keinen geeigneten Vollstrecker des Todesurteils verfügte, wurde der öffentliche Henker zur Verfügung gestellt.

Die entsprechenden Befehle ergingen über das ganze Gebiet des römischen Bundesreichs: auf eherner Tafel verzeichnet sollte der Senatsbeschluß in jeder Bundesgemeinde an hervorragender Stelle zu jedermanns Kenntnisnahme angebracht werden. Man besitzt ein solches Exemplar noch, das im Jahre 1640 an sehr abgelegener Stelle, in einem süditalischen Bergdorf, aufgefunden worden ist: beachtenswert und für den allgemeinen Stand der damaligen Religiosität bezeichnend ist, daß man, indem man die verbrecherischen Auswüchse mit größter Energie ausrottete, doch geflissentlich und beinahe ängstlich Sorge trug, den echten Dienst des Gottes, die Bilder und Idole des bacchischen Kultus, die Anspruch auf wirkliche Heiligkeit machen konnten, in der That eine wichtige Sache in einem weinerzeugenden Lande wie Italien, zu schützen. „Ihr sollt machen, daß diese Bacchusfeiern, wenn solche bei euch stattfinden — außer wenn etwas wirklich Heiliges dabei ist — in Eurem Gebiete verschwunden sind, zehn Tage nachdem dieses Schriftstück Euch übergeben sein wird." Es ist sehr wahrscheinlich, daß damals auch jenes Silenbild auf dem römischen Forum, das in Rom aller Welt unter dem Namen des Marsyas wohlbekannt war, durch den Konsul Qu. Marcius, dem die Untersuchung und Regelung der ganzen Sache als sein besonderer Auftrag aufgegeben war, aufgestellt und geweiht worden ist. Das Bild, das wir aus einer heute noch auf dem Forum Romanum zu sehenden Abbildung auf einer Reliefplatte aus trajanischer Zeit kennen — ein nackter Silen mit erhobener Rechten und mit einem über die Schulter geworfenen gefüllten Weinschlauch — erscheint ebenso auf den Münzen der Gens Marcia, welcher der Konsul angehörte. Der Eindruck, den dieses verbrecherische Treiben und die Energie, welche zu seiner Unterdrückung aufgeboten wurde, machte, half den beiden Männern, von denen man eine „freie und tapfere" Censur erwartete, zum Siege, der ihnen aber doch heftig bestritten ward. Es erhoben sich die namhaftesten Bewerber, — zwei Scipionen, von denen einer der Sieger von Magnesia Lucius Cornelius Scipio Asiaticus war, für welchen die Wahl eine volle Genugthuung und Wiederherstellung bedeutet haben würde, und neben ihnen zwei Männer, die, obgleich nicht verurteilt, doch einer solchen Wiederherstellung noch dringender bedürftig waren, M. Fulvius Nobilior und Cn. Manlius Vulso, und schon diese Namen beweisen, wie heftig bei diesem Wahlkampf die Leidenschaften erregt gewesen sein müssen. Die

Aristokratie der neueren Art und Richtung erlitt diesmal eine schwere Niederlage, die Cato, indem er schon bei der Bewerbung sein Programm aufs rücksichtsloseste aussprach, im voraus schärfte. Die Stadt bedürfe der Reinigung und dazu, um ihr die Gesundheit wiederzugeben, eines kraftvollen und nicht eines gefälligen Arztes: der Hydra der griechischen Legende verglich er die Üppigkeit und Leichtfertigkeit, die sich im Staate eingenistet habe: „ich weiß, daß das Glück die Leute fahrlässig zu machen pflegt," sagt er über seine Bewerbung, „und um dem wehren zu können, habe ich es an mir nicht fehlen lassen." Und so völlig machte er den Eindruck des rechten Mannes für die rechte Stelle, daß er alle Gegner niederrang und mit seinem Freunde Flaccus, ein 50jähriger, zum Censor gewählt wurde.

Noch in voller Kraft also erlangte er dies Amt, jenseits dessen es für den römischen Ehrgeiz nichts Weiteres gab. Die Aristokratie hatte diesmal Grund, für den und jenen aus ihrer Mitte zu zittern: dieses Amt in diesen Händen war eine scharfe Waffe, und nicht zum Scherze. Indes machten die Censoren, und man darf wohl annehmen, daß Flaccus in dieser Richtung einigen Einfluß übte, bei der Revidierung der Senatorenliste von ihrer Vollgewalt einen mäßigen Gebrauch. Die Ausstoßung aus dem Senat traf aber, neben sechs anderen, einen Mann von hoher und höchst einflußreicher Familie, einen Quinctius Flamininus, Lucius, einen Bruder des vielgenannten Siegers von Kynoskephalä, und es gehörte, bei dem Einfluß der Koterie oder Partei, die sich um diesen Namen sammelte, einiger Mut zu der Maßregel. Sie war aber vollkommen am Platze, da dieser Mann einen vornehmen kriegsgefangenen Boier — nach anderen einen verurteilten Verbrecher — bei einem Gastmahl hatte niederstoßen lassen, um einem Pagen, der bei ihm in besonderer Gunst stand, für das versäumte Gladiatorenspiel in Rom — denn auch die Lust an diesem barbarischen Vergnügen hatte sehr zugenommen — zu entschädigen, — da er, wie es in dem noch erhaltenen Fragmente der damals von Cato gehaltenen Rede heißt, „da er toll von Wein und Wollust beim Gastmahl mit dem Blut eines Menschen Kurzweil getrieben habe." Einen andern hätte er ausgestoßen, weil er seine Frau in Anwesenheit seiner erwachsenen Tochter geküßt habe: ein Verstoß gegen die Sitte oder Etikette des altrömischen Hauses, der aber doch wohl schwerlich den einzigen Grund einer so strengen Maßregel gebildet haben wird. Freilich die Objektivität des Richters besaß Cato nicht, und man erwartete sie von ihm und vom Censorenamt überhaupt nicht, vielmehr verfolgte er die Gegner seiner Art und seiner Grundsätze mit dem vollen Hasse, der stark ausgeprägten Persönlichkeiten eigen zu sein pflegt, und es wird ihm besondere Genugthuung gewährt haben, daß er hier an seinen Gegnern bei der Wahl, an Flamininus wie an L. Cornelius Scipio seine Rache nehmen konnte. Diesem, einem Gegner von lange her, sprach er nicht nur das Ritterpferd ab, sondern benutzte auch die gute Gelegenheit, wo ihm niemand widersprechen durfte, ihn mit scharfen öffentlichen Tadelsworten heimzusuchen.

Die beiden Kollegen verwalteten ihr Amt einträchtig und scheinen manche gemeinnützige Maßregel durchgeführt zu haben; Dammanlagen, Straßenanlagen werden genannt. Die erste Gerichtshalle auf dem Forum wurde von Cato erbaut und verewigte als porcische Basilika seinen Namen; die große Reparatur und Erweiterung des Kloakennetzes wird auf dieses Jahr, 184, zurückgeführt; im übrigen scheinen sie ihr Hauptverdienst darin gesucht zu haben, allerlei Mißbrauch und Unfug abzustellen, gegen welche die seitherige Coteriewirtschaft ein Auge oder auch beide Augen zugedrückt hatte — also im kraftvollen Einschreiten gegen die Verwendung öffentlichen Gutes oder öffentlicher Veranstaltungen zu privatem Vorteil, etwa Aufführung von Häusern auf öffentlichem Grund und Boden, die sie denn ohne weiteres niederreißen ließen. Besonders gerühmt wurde von denen, welche nicht selbst in diesem Interesse verstrickt waren, daß sie bei Verpachtung der Staatsgefälle und Verdingung öffentlicher Arbeiten den Unternehmern und Aktiengesellschaften nicht so bequeme Voranschläge entgegenbrachten, wie sonst wohl geschah. Cato scheint auch die Gelegenheit und das hohe Amt benutzt zu haben, um in längeren Reform- und Angriffsreden, Invektiven, gegen die Zeitgebrechen gewissermaßen zu predigen — gegen die Kunstliebhaberei z. B. im Dienste der persönlichen Eitelkeit, welche Statuen und heilige Bilder im eigenen Hause aufstellte, während er solche nur in den öffentlichen Heiligtümern sehen wollte; gegen die umsichgreifende, dem altrömischen Wesen, das die Befriedigung privater Eitelkeit gegenüber dem nationalen Stolz und Dienst am Lande überall niederzuhalten strebte, so ganz widersagende Sitte der Aufstellung von Porträtstatuen auf öffentlichen Plätzen und an augenfälligen Stellen; selbst Frauen, rügte er, würden in den Provinzen schon Standbilder gesetzt, — weiter den Luxus der Kleidung, der Wagen, der Dienerschaft; — wider die Putzsucht der Frauen, gegen die er jetzt nachholte, was ihm einst bei seinem Konsulat entgangen war. Die Censoren hatten, was uns höchst auffällig ist, aber gar sehr im Geist des altrömischen Staatswesens liegt, das seinen Beamten während der kurzen, auch bei den Censoren thatsächlich nur auf 1½ Jahre bemessenen, Zeit ihrer Amtsthätigkeit eine große Macht einräumte, das Recht, Steuern aufzulegen. Wo nun der Wert der Luxusgegenstände, deren sich die Frauen bedienten, die Summe von 15000 As überstieg, belegte er diese Dinge mit einer Luxussteuer von 30%, und ähnlich verfuhr er bei Luxussklaven, einem Artikel, der in dem letzten Jahrzehnt massenhaft eingeführt worden war. Die Sklaven, welche in einem Alter unter 20 Jahren mit 10000 As und darüber bezahlt worden waren, wurden mit dem zehnfachen Wert eingeschätzt und ihre Besitzer zahlten eine dreimal so hohe Steuer als bisher: es war also eine Luxusstrafe in Form einer Luxussteuer.

Wir erfahren, daß Cato selbst in einer Rede die Verdienste dieser Verwaltung des Censorenamtes, die nach dem Herkommen das Jahr 184 und die erste Hälfte des folgenden Jahres füllte, beleuchtet habe: „über den glücklichen Verlauf seines Lustrums", de lustri sui felicitate — denn von dem Schlußakt des Census, dem großen Sühnopfer, welches der eine durchs Los bestimmte Censor für das römische Volk darbrachte, hatte die fünfjährige Censurperiode ihren Namen — so lautet der Titel einer der Reden, welche in diese Zeit fallen. Mehr weiß man weder von dieser noch von den anderen, von denen jedoch die Aufschriften erhalten sind: ein Beweis, daß sie von ihm selbst veröffentlicht worden sind, — was ohnehin die Wahrscheinlichkeit für sich hat, da öffentliche Reden, namentlich wenn sie getragen waren von der doppelten Kraft eines gewichtigen Amtes und einer gewichtigen Persönlichkeit, schon immer eine Macht in Rom gewesen waren, und auch schon früh durch die Schrift verbreitet zu werden pflegten.

4. Catos ferneres privates und staatsmännisches Leben bis zu seinem Tode.
(183—149 v. Chr.)

Höher in äußeren Ehren steigen konnte Cato nun nicht mehr. Die Censur bildete den Abschluß einer römischen Beamtenlaufbahn, wer es so weit gebracht hatte. Nur etwa den hohen Ehrenposten eines princeps senatus, des ersten Senators oder Vormanns der erlauchten Versammlung, konnte ein gewesener Censor noch erlangen, aber nur wenn er Patricier war: und so verfügte Cato über diesen

Ehrenposten, indem er seinen patricischen Amtsgenossen, den wir uns auch als seinen persönlichen Freund zu denken haben, Valerius Flaccus, dazu ernannte. Von da an, also noch mehr als drei Jahrzehnte, führte Cato ein privates Leben, sofern ein römischer Senator, der alle großen Würden des Staates bekleidet und sich in ihnen vielseitige Kenntnis aller Geschäfte und Beziehungen der Republik erworben hatte, überhaupt ein solches führen konnte. Im übrigen wirkte diese Censur nicht bloß im öffentlichen Leben lange nach und grub sich dem Gedächtnis des Volkes ein, sondern sie hatte auch für Catos ferneres persönliches Leben in ihren Nachwirkungen einen bestimmenden Einfluß. Die Art, wie er das Amt geführt hatte, erzeugte eine ganze Menge gespannter persönlicher Verhältnisse, woran es ihm schon seither nicht gefehlt hatte, und die von der Politik ihren Ausgang nahmen. Politisches und Persönliches auseinanderzuhalten, ist von je der einen Zeit, dem einen Volk, dem einen Menschen leichter, dem anderen schwerer geworden: es gehört entweder ein sehr hoher Grad edler Unbefangenheit und Selbstbeherrschung, oder ein sehr leidenschaftsloses Temperament dazu, politische Gegnerschaft nicht mit starker persönlicher Abneigung zu erwidern, und zu den Männern, welche diesen Vorzug oder diese Schwäche hatten, gehörte M. Porcius Cato sicherlich nicht.

Die nächste Zeit gab ihm übrigens keine Gelegenheit oder Veranlassung, sich bei irgend einer großen Staatsfrage in hervorragender Weise zu beteiligen, denn die Jahre, welche seiner Censur folgten, von 184 bis gegen 172, die zwölf Jahre der Stadt 569—582, verflossen ruhig und ohne besondere Erregung: und so haben wir uns in dieser Zeit den Mann vorzugsweise mit seiner Gutswirtschaft und seinem Hause, der Erziehung seiner Kinder — seine Gemahlin Licinia hatte ihm einen Sohn, Marcus, und einige Töchter geboren — und der Vermehrung seines Besitzes beschäftigt zu denken. Es war keine hohe Präsenzziffer zu einem gültigen Senatsbeschluß vonnöten, die mäßige Zahl von 100 giebt das Bacchanalienedikt an, und man wird anzunehmen haben, daß er zwar niemals bei wichtigen Angelegenheiten gefehlt, an den laufenden Geschäften sich aber nicht regelmäßig beteiligt haben wird. Einen eigentlichen amtlichen Auftrag, so scheint es, hat er bis zu seinem Tode nicht wieder übernommen: nur an einer Gesandtschaft nach Karthago im Jahre 157 hätte er teilgenommen, wenn die Nachricht Glauben verdient. Einmal trat er, drei Jahre nach seiner Censur, mit einer Rede auf den Plan, als der Tribun C. Orchius eine lex sumptuaria, eines der nunmehr immer von Zeit zu Zeit notwendigen Aufwandsgesetze einbrachte, ein Gesetz, von dem wir nichts weiter wissen, als daß es eine Maximalzahl einzuladender Gäste festsetzte; ein andermal, nachdem sein alter Gegner M. Fulvius Nobilior im Jahre 179 die Censur bekleidet hatte, hielt er eine Rede über diese Verwaltung: leider ist von ihr, die uns ein besonderes Interesse erwecken würde, nichts mehr vorhanden. Eine reichlichere Quelle fließt uns über sein privates Leben in dieser Zeit: es ist die von ihm verfaßte Schrift über das Bauernwesen, de re rustica, die uns die Mittel giebt, nicht nur ihn selbst in seine Thätigkeit als Landwirt zu begleiten und uns seine ganze Auffassung dieses wichtigsten Teils altrömischen Lebens nahe zu bringen, sondern auch uns möglich macht, uns in die ganze Lebensordnung und Empfindungsweise der großen Menge der italischen Bevölkerung, die Werktagsthätigkeit der Hunderttausende, von denen uns die Geschichtswerke der Alten unmittelbar sehr Weniges berichten, hineinzuversetzen. Durchaus besaß er den regen Erwerbssinn, welcher nicht bloß den Bauern überhaupt kennzeichnet, sondern namentlich auch die Bevölkerung charakterisiert, welche unter den besonderen örtlichen Bedingungen der Landschaft am unteren Tiberlauf die Stadt Rom und den Staat Rom geschaffen hat. Das Vermögen eines thätigen Mannes muß sich mehren, das ehrt ihn und bestimmt sein Leben, einer Witwe Gut mag sich mindern, so spricht er selbst sich aus: er hatte, wie der Römer überhaupt, eine starke kaufmännische Ader. Zwar unmittelbar im Handel und namentlich im Geldhandel, im Bankgeschäft mitzumachen, hält er nicht für ehrenhaft: der Wucherer ist mit Recht von unseren Altvordern härter bestraft worden, als der Dieb: aber mittelbar mit seinem Kapital bei Industriegeschäften sich zu beteiligen, welche auf den Namen eines Freigelassenen gingen, erregte ihm so wenig Skrupel, als irgend einem andern Römer der regierenden Klasse. Es ging ihm, wie es manchem Mann zu allen Zeiten ergangen ist, der gesellschaftliche Bräuche und Übel bekämpft, ohne zu merken, daß er mittelbar und unbewußt selbst sie mitmacht und fördert, er war Kaufmann und selbst Spekulant, indem er nur Landwirt zu sein glaubte. Er giebt in dem Buche die besten Ratschläge für den Kauf eines Gutes, weiß die Kennzeichen eines guten Bodens und seine Verwendung für die verschiedenen Pflanzungen anzugeben; es darf, fügt er gut römisch hinzu, kein Unglück daran haften; die guten Lehren, die er in diesem Teile giebt, sind heute praktisch, wie vor 2000 Jahren. Tief in die Alltagsarbeit der Hunderte und Tausende, deren Geschichte niemand schreibt, führt das inter-

essante Buch uns ein — es nennt uns die nützlichen Arbeiten für jede
Jahreszeit, die besten Läden für alle Art Ackergeräte, Hausmittel bei
Krankheiten, Heilmittel gegen Erkrankungen des Viehs, Zaubersprüche
gegen Verrenkungen und andere Unfälle bei der Arbeit, Recepte zur
Herstellung eines entsetzlichen Getränkes verschiedener Sorte, das er als
griechischen und als koischen Wein bezeichnet, und bei dem ein mehr
oder weniger reichlicher Zusatz von Seewasser gute Dienste thut, so
daß, wie er uns versichert, ein ganz annehmbarer Trunk für das
Gesinde daraus wird, — und so vieles andere einzelne, dem man
eben weil es keine Heroengeschichte ist, mit Vergnügen folgt. Von
besonderer Wichtigkeit ist das Kapitel von der Diener- oder Sklavenschaft und ihrem Aufseher oder Oberknecht, dem Villicus, der sehr
genau instruiert wird: er muß morgens am frühesten zur Stelle sein,
abends zuletzt zu Bette gehen. Diese Sklavenschaft wird übrigens auf
einem Gute von ungefähr 300 Morgen, auf welches die Schrift sich
bezieht, nicht übermäßig zahlreich gewesen sein. Gleichwohl giebt er
den Rat, Zwietracht unter ihnen zu säen, man regiere sie dann leichter:
er führte die Peitsche selbst, womöglich nach dem Essen, wo es zu
strafen galt und die Sache mit ein paar Hieben, einer gesunden Motion
für den Gutsherrn, abzumachen war und nicht etwa den Sklaven-
kerker und die härteren Strafen, das Tragen der Furka, des Gabel-
jochs oder ähnliche verlangte: war das Vergehen, was doch gelegentlich
auch nicht ausbleiben konnte, eigentlich krimineller Natur, so wurde
wohl ein eigentliches Gerichtsverfahren in Anwesenheit sämtlicher Sklaven
abgehalten. Man zahlte für diese Feld- oder Gutssklaven keine sehr
hohen Preise — denn mit den teuren Luxussklaven der östlichen Länder
befaßte Cato sich nicht: 1500 Denare war das äußerste, was er an-
legte, und wenn nicht gerade das Unglück wollte, daß einer starb, so
verlor man nicht den ganzen Kaufpreis, da man alte und kranke
Sklaven noch immer wie altes Eisen bei günstiger Konjunktur los
werden konnte: so instruiert Cato seinen Obersklaven, den Villicus, er
solle gelegentlich eine Auktion veranstalten, wobei man denn alles Über-
flüssige, altes Geräte, Pflüge, altes Eisen, alte Sklaven, kränkliche
Sklaven losschlagen könne. Kleidung, Nahrung, Schuhe sind ihnen
zugemessen, so daß sie dabei bestehen können; es giebt auch Rat gegen
Krankheit, denn es handelt sich um ein wertvolles Besitztum, ein
Inventarstück, das man in gutem Stand halten muß; es giebt Recepte
für feineres Gebäck, Bretzeln, Kuchen, von dem doch wohl gelegentlich
auch für sie etwas abfiel; auch einiges Vergnügen ist ihnen dann und

wann gegönnt und ganz ohne menschliche Züge ist das Verhältnis nicht: es geht nicht allzu vornehm zu und die Hausherrin, Licinia, reicht auch wohl einem im Hause geborenen Sklavenkinde die Brust — eine große Tragweite aber hat diese Humanität nicht gehabt. Cicero hat in seinem Buch de senectute dem Cato, den er zum Träger seiner eigenen Gedanken über die Vorzüge und besonderen Befriedigungen des Greisenalters macht, ein ganzes Kapitel voll begeisterten Lobes der Freuden der Landwirte in den Mund gelegt: diese Freuden sind aufs engste mit der Erde verbunden und verwachsen, die keinen ihrer Befehle unvollstreckt läßt; mit gefühlvollen Worten beschreibt er das Säen, Keimen, Hervorbrechen der Pflanzen, die Wunder ihres Wachsens: besonders ausführlich wird er, wenn er auf die Rebe zu reden kommt, das edelste Gewächs des italischen Bodens; aber an den Beschäftigungen des Landmanns ist überhaupt alles erfreulich: das Gräbenziehen, der Garten, die Weiden, die schwärmenden Bienen, der Blumenflor, und die Begeisterung schlägt aufs neue empor, wenn er von den Segnungen des Düngens spricht, wie denn auch Homer seinen Laërtes Linderung seiner Sehnsucht nach dem verlorenen Sohn aus dieser würdigen Beschäftigung ziehen lasse. Daß Cato mit Leib und Seele Landwirt war, ist kein Zweifel, und auch hier fehlt ihm, dem Manne, der die großen Geschäfte seines Landes in dessen hohen Ämtern geführt hat, die Beziehung auf das Allgemeine nicht: der Stand der Ackerwirte ist es, welcher der Republik ihre besten Soldaten und ihre besten Bürger gegeben hat.

Die große Politik ruhte einige Jahre. Im Jahre 183 kam aus Asien die Kunde vom Tode Hannibals, der, wie bekannt, doch noch das Opfer jener kleinlichen Verfolgung geworden war, der sich der adligere Geist dessen, der ihn bei Zama besiegt hatte, und nun im gleichen Jahre mit ihm starb, nur vergeblich widersetzt hatte. Die Nachricht wird Cato mit Genugthuung erfüllt haben, denn es ist, nach seiner späteren Haltung Karthago gegenüber, nicht wahrscheinlich, daß er gegen Hannibal je andere Gefühle gehegt haben soll, als den grimmigen Haß und die kleinliche Furcht des gewöhnlichen Römers, auf dem wie ein Alp die Erinnerung an jene furchtbaren Jahre lastete, in denen, wie Cato irgendwo sich ausdrückt, Hannibal das Land Italien zerriß und zerfleischte: man ist erstaunt, einmal unter den von ihm überlieferten Äußerungen ein Wort hoher Anerkennung für Hamilkar Barkas zu finden, den er neben Epaminondas, Perikles, Themistokles und Manius Curius Dentatus hoch über die gepriesensten Könige stellt.

Sonstige Ereignisse von Bedeutung gab es in den nächsten Jahren nicht, wenn auch die auswärtige Politik bei dem gewaltigen Umkreis der Interessen, den die römische Macht umspannte, Arbeit genug gemacht haben muß. Zu kämpfen hatte man in Spanien, in Ligurien, auch gegen die Istrier, und Siege in diesen Kämpfen wurden durch leicht zu erlangende Triumphe belohnt. Ankunft fremder Gesandten in Rom — pergamenische, achäische, macedonische, kretische, lacedämonische werden z. B. für das eine Jahr 182 genannt und die Liste wird schwerlich vollständig sein — und ihre Einführung in den Senat war etwas sehr Gewöhnliches. Mit dem Tode des Königs Philipp von Macedonien im Jahre 179 nahmen die östlichen Angelegenheiten die Aufmerksamkeit des Senats wieder in höherem Grade in Anspruch. Der neue König von Macedonien, Philipps Sohn Perseus, welcher seinen besser berechtigten, in Rom beliebten und einer engen Verbindung mit Rom zugeneigten Bruder Demetrius hatte aus dem Wege räumen lassen, galt für römerfeindlich gesinnt. Dies war auch Philipp gewesen, aber dieser hatte sich bezwungen, war mit Geschick darauf bedacht gewesen, die Hülfsquellen seines Reichs wieder in guten Stand zu setzen, und hatte darin Erfolge gehabt: und zunächst hielt auch Perseus an dieser vorsichtigen Politik fest. Allein auf diesem griechischen Boden tummelte sich die Intrigue, die Eifersucht und der Haß zwischen Stadt und Stadt, Bund und Bund, Partei und Partei, die Großmannsucht und die Konkurrenz der Staatsmänner untereinander; die römische Schutzherrschaft, welche es sich sauer werden ließ, den Griechen ihre kleinlichen und doch mitunter sehr blutigen Reibungen und Fehden zu wehren, war in Griechenland mittlerweile sehr unpopulär geworden und besonders den König Eumenes von Pergamum ließ man dort seine Römerfreundschaft entgelten, während alles nach Perseus als dem künftigen Retter und Befreier schaute. Im Jahre 171, wie bekannt, kam der Krieg zum Ausbruche, der dritte macedonische, der nach vierjähriger Dauer durch die Schlacht bei Pydna (22. Juni 168) entschieden wurde und mit dem Einsturz der macedonischen Monarchie endigte. Einmal wird bei diesen Dingen auch Catos Name genannt: als bei schon erklärtem Kriege einer der neuen Männer, die in der griechischen Schule gelernt hatten, Qu. Marcius Philippus, der ein Gastfreund Philipps gewesen war, den Perseus, der kein klar entschlossener Mann war, zu der großen Thorheit verleitete, noch einmal Frieden bei den Römern zu suchen, und dadurch diesen Gelegenheit verschaffte, ihre Rüstungen zu vervollständigen, da erhoben sich diesem Meisterstücke moderner

Diplomatie gegenüber die Männer der alten Art und Cato insbesondere gegen dies Verfahren, das sie als griechisches Ränkespiel und punische Tücke bezeichneten, und ein Mann dieser alten Schule, L. Ämilius Paulus, ein Sohn des bei Cannä gefallenen, war es, der im Feldzug des Jahres 168 die groben Fehler wieder gut machte, mit denen in den drei vorhergehenden Feldzügen die Befehlshaber der römischen Streitmacht den römischen Namen in Mißkredit gebracht hatten.

Mit diesem Manne war Cato schon längere Zeit her in Verbindung getreten: sein Vater hatte, wie wir wissen, zu jenem politischen Kreise gehört, der sich um den alten Qu. Fabius Maximus sammelte, und Catos Sohn Marcus hatte sich, wir wissen nicht in welchem Jahre, mit einer Tochter des Ämilius verheiratet. Dieser jüngere M. Porcius focht in der Schlacht bei Pydna mit und scheint dabei dem Namen, den er trug, Ehre gemacht zu haben.

Zum ersten Male erscheint der Name Catos mit dem des Ämilius zusammen, als im ersten Jahre des dritten macedonischen Kriegs (171) Gesandte der beiden hispanischen Provinzen nach Rom kamen, um über die Mißwirtschaft der römischen Statthalter der letzten Jahre Klage zu führen. Vom Senat aufgefordert, Männer ihres Vertrauens zu nennen, die ihre Ansprüche vertreten könnten, nannten sie neben zwei anderen den M. Porcius Cato und den L. Ämilius Paulus: zu Cato bestand wohl schon eines jener Klientelverhältnisse, die im Grunde den wirksamsten Schutz der Provinzialen gegen Vergewaltigung durch römische Beamte boten und eine bedeutsame Rolle in der Entwicklung des römischen Reichs spielten, obgleich oder weil es eine Institution war, die, von selbst erwachsen, geräuschlos wirkte und streng amtliche Formen weder bedurfte noch suchte. Der Prätor, der eine Provinz längere Zeit verwaltet hatte, kannte sie und ihre Bedürfnisse, und hatte Beziehungen in ihr angeknüpft, die seine Amtszeit lange überdauerten: er war, wo ihre Verhältnisse im Senat zur Sprache kamen, erster Sachkundiger, und wenn er ein Mann von wohlmeinendem Charakter war, war er der natürliche Vertreter ihrer Interessen, an den sich Einzelne, Gemeinden, oder auch die ganze Provinz, wo sie im Mittelpunkt des Reichs etwas zu suchen hatten, zuerst wendeten. Das Verhältnis brachte, ganz wie die einfachen Verhältnisse von Patron und Klient in ältesten Tagen, beiden Teilen Vorteil, dem Patron Ansehen und Einfluß, dem Klienten Schutz und gelegentliche Unterstützung: es vererbte deshalb sich leicht und haftete an der Familie, aus welcher der erste Patron der betreffenden Gemeinde oder Provinz hervorgegangen war. Das Verhältnis scheint sich auch in diesem Falle wirksam erwiesen zu haben. Zwei Jahre später (169) unterstützte er, seinem unwandelbaren Programm gemäß, einen Gesetzesvorschlag des Tribuns Qu. Voconius Saxa, welcher dem Mißbrauch des Reichtums durch die Frauen mit einer sehr radikalen Maßregel begegnen wollte: Niemand, beantragte er, dürfe, wenn sein Vermögen 100 000 As überstiege, eine Frau oder Jungfrau als Erbin einsetzen: er gestattete nur Legate bis zum Betrag der Hälfte der Gesamterbschaft. Aus den wenigen Worten, die aus Catos Rede übrig sind, spricht derselbe derbe, harte Sinn, den er schon früher gegen das weibliche Geschlecht bewiesen: „zuerst hat sie euch die große Mitgift zugebracht, — nun bekommt sie das viele Geld, das sie nicht in die Gewalt des Mannes zu geben brauchte. Sie leiht es ihm nur — dann wird sie einmal zornig und heißt die Schuld vom Manne zurückfordern und eintreiben."

Die neue Zeit, welche mit der Besiegung des letzten Königs von Macedonien anbrach und eine gründliche Veränderung des ganzen Systems der auswärtigen Angelegenheiten hervorrief, die Verbindung mit Ämilius Paulus, sowie die natürliche Autorität, welche sein Lebensalter und seine lange Laufbahn im öffentlichen Leben ihm gab, führten ihn dazu, auch in eigentlich politischen Fragen seinen Einfluß geltend zu machen. Es erhob sich die Frage, was mit dem eroberten Macedonien zu geschehen habe. Als infolge der Saumseligkeit und Unfähigkeit der römischen Führer der Krieg gegen Perseus sich in die Länge zog, da hatte sich allenthalben in der östlichen Welt der Widerwille gegen die römische Übermacht gezeigt. Das ganze Land vom Südende des kaspischen Meeres bis zum Hellespont war von griechischen Dynastien beherrscht, Armenien, Atropatene, Pontus, Bithynien, Kappadocien: hier und am Hofe des syrischen Großkönigs, ja, wie man argwöhnte, selbst bei dem treuesten oder gefügigsten aller Römerfreunde, der diesen Krieg hauptsächlich angefacht hatte, dem König Eumenes von Pergamum, hatte sich der Gedanke geregt, daß hier ein Kampf der Könige gegen eine Republik, ein Kampf des monarchischen Princips gegen das republikanische, wie wir jetzt sagen würden, ausgefochten werde. Die Symptome waren deutlich genug gewesen, um in den Kreisen der römischen Staatsmänner das Mißtrauen gegen die Könige zu wecken: von Aufrichtung irgend einer monarchischen Ordnung der Dinge in Macedonien anstatt der gestürzten konnte also nicht die Rede sein. Cato seinerseits betrachtete schon seit länger her auch die mit der Republik befreundeten und verbündeten Könige nur mit Widerwillen, wie alle gewöhnlichen Römer hatte er für das Eigentümliche, unter bestimmten Umständen durchaus Unentbehrliche und Heilbringende der Monarchie nicht das mindeste Verständnis: jeder König, soll er irgendwo geäußert haben, sei von Natur ein reißendes Tier. Er hielt in dieser wichtigen Staatsfrage, was mit Macedonien geschehen solle, eine Rede, deren Aufschrift — das einzige, was uns erhalten ist — „von der Notwendigkeit, Macedonien zu befreien" seinen Gedankengang hinlänglich andeutet, und eine spätere Notiz sagt ausdrücklich, daß die unglückliche Maßregel, diese uralte Monarchie in vier selbständige, aufs schärfste voneinander getrennte Republiken zu zerteilen, eben unter seinem Einfluß beschlossen worden sei.

Es läßt sich ermessen, daß der Sturz der Monarchie Alexanders des Großen einen gewaltigen Eindruck zu Rom machte, einen tieferen als alle die seitherigen Siege, obwohl diese zum Teil, wie der über die Punier, dem römischen Volke sehr viel schwerer geworden waren. Schon die Nachricht von dem Siege bei Pydna, welche, wie erzählt wird, in dem Augenblick anlangte, wo der Konsul die Tribüne bestieg, um das Zeichen zum Beginn der Wettfahrt bei den im Gange befindlichen römischen Spielen im Cirkus zu geben, hatte einen Sturm der Begeisterung erregt: in noch überwältigenderer Weise drängte sich dieser Eindruck dem Volke bei dem dreitägigen Triumph des Ämilius auf, mit welchem in der That keiner der bisherigen, so viele ihrer die heilige Straße und das Kapitol schon gesehen hatte, sich vergleichen ließ. Man durfte nur den Triumphator selbst, vor dessen Wagen her der Zug der hohen Gefangenen und unter ihnen der entthronte König der stolzesten Monarchie der damaligen Welt daherschritt, ins Auge fassen, um sich des ungeheuren Umschwungs der Dinge in diesen letzten 50 Jahren bewußt zu werden, den viele wie auch Cato mit vollem Bewußtsein und mithandelnd durchlebt hatten. Der Vater dieses Mannes, der in seiner Person den großen Sieg seines Volkes feierte oder feiern ließ, war der Konsul des Jahres von Cannä gewesen. Er hatte nicht verhindern können, daß man an jenem Tage schlug, und es wird wohl als eine echte Familientradition im Hause der Ämilier anzusehen sein, was uns Livius von seinem Schicksal an dem unglücklichen Tage erzählt: wie ihn, als die geschlagenen Legionen im Centrum schon in Auflösung rückwärts fluteten, der Kriegstribun Cn. Lentulus am Wege auf einem Feldstein sitzend, schwer verwundet und mit Blut überströmt erblickt habe — er habe ihm sein eigenes Pferd zur Flucht angeboten, damit der traurige Tag nicht durch den Tod eines Konsuls noch trauriger werde. Aber Ämilius habe abgelehnt: das letzte Wort, das er dem Tribunen zugerufen habe, als diesen ein neuer Sturm flüchtenden römischen Fußvolks mit fortriß, sei gewesen, er solle dem Senat sagen, man möge auf die Deckung der Hauptstadt Bedacht nehmen. Diese Stadt, die damals vor dem siegreichen punischen Heere zitterte, war jetzt die beherrschende Hauptstadt der damaligen geschichtlichen Welt geworden, und von allen Seiten kamen städtische und königliche Gesandte oder auch die Könige selbst, um in der Sprache ausgesuchter Höflichkeit oder selbst niedriger Schmeichelei dem Senat und Volk von Rom ihre Glückwünsche und ihre Huldigungen darzubringen.

Unter diesen Gesandtschaften befand sich auch eine von der Republik Rhodus, welche die Stadt nicht mit sehr zuversichtlicher Stimmung betrat. Man hatte von römischer Seite die befreundete Republik, in der auch mehr Gediegenheit der Sitte und Gesinnung waltete als damals durchschnittlich auf altgriechischem Boden, mit Wohlthaten überhäuft, ihr nach Besiegung des Antiochus große Provinzen aus der diesem abgenommenen Beute an Land und Leuten zum Geschenk gemacht: im Jahre 169 aber hatte auch diese sonst so geschickt verwaltete und besonnen regierte Stadt einen Anfall von jener Politik der Selbsttäuschungen und der großen Worte gehabt, welche in den Rats= und Volksversammlungen der griechischen Städte so gewöhnlich war. Eine Gesandtschaft erschien, welche dem Senat und Volk von Rom die Vermittlung der Republik Rhodos in dem Kampf der beiden Großstaaten anbot: sie führte lebhaft Klage, wie sehr dieser römisch=macedonische Krieg ihren Handel störe, und deutete an, daß sie sich bei Fortdauer dieses Krieges die Erwägung vorbehalten müßte, welche der kriegführenden Parteien an dieser unerwünschten Lage schuld sei: sie hätten in ähnlichem Sinne auch an Perseus Gesandte geschickt. So ungefähr lautete die Botschaft, welche der Senat keiner Antwort würdigte. Man ließ ihnen jedoch das Ehrengeschenk reichen, das nach der Sitte den Abgesandten befreundeter Städte gereicht wurde: die Rhodier fanden es jedoch dem Geist ihrer Sendung gemäß, dies Geschenk abzulehnen, und wenn die Personen der Gesandten dem Geist der Sendung entsprachen, so werden sie sich nach Art der achäischen und ätolischen Staatsmänner dieser Zeit auf diese plumpe Beleidigung des römischen Volks als auf einen besonderen Beweis fester und unabhängiger Haltung noch etwas zu gut gethan haben.

Ein Jahrzehnt früher wäre man vielleicht in Rom über eine solche Thorheit zur Tagesordnung übergegangen, hätte sie übersehen oder hätte sie vergessen, wie man in Wahrheit so manches thörichte

Pfephisma griechischer Versammlungen und so manche prahlerische Phrase griechischer Staatsredner und Strategen hingenommen hatte: jetzt, wo dem römischen Volk und denen, die es regierten, die ungeheuren Erfolge zu Kopfe gestiegen waren, nicht mehr. Man empfing die Glückwunschgesandtschaft, welche die Rhodier nach der Schlacht bei Pydna zu schicken sich beeilten, nicht wie die anderen: von dem üblichen Gastgeschenk war diesmal nicht die Rede. Die Gesandten beteuerten jedem, der es hören wollte, wie ernstlich ihre Volksgemeinde den thörichten Schritt bereue, und ein paar Namen von Demagogen, auf welche man die Schuld der Volksverführung schieben konnte, ließen sich unschwer finden: sie legten alsbald statt des Festgewandes die dunkle Kleidung an, in der sie dann einflußreiche Senatoren besuchten, um durch diese demütige Haltung den Groll ihrer Beschützer zu entwaffnen und schweres Unheil von ihrer Stadt abzuwenden.

Eine günstige Wendung gab es ihrer Sache, daß nun einer der Prätoren des Jahres (167), ein gewisser Juventius Thalna die Stimmung des Volkes, oder was man dem Volk als seine Stimmung aufredete, — die Stimmung beleidigten Hochmuts ins Maßlose zu steigern und zugleich zu seinem eigenen Vorteil auszunutzen suchte, indem er ohne weiteres, ohne die Konsuln oder den Senat in Kenntnis zu setzen, eine Kriegserklärung gegen das Volk der Rhodier vorschlug. Gegen diese Ungebühr erhoben sich alsbald einige der Volkstribunen, die Sache wurde im Senat verhandelt und hier hielt Cato zu Gunsten „der Rhodienser" eine Rede, die seinem Verstand und seiner Gesinnung Ehre macht, und die beweist, daß er nicht immer von seiner herben Natur fortgerissen wurde und die Gefahr wohl erkannte, die der inneren Gesundheit seines Volks von den raschen und ungeheuren Siegen und Erfolgen der letzten Jahrzehnte drohte. Es ist, außer der Schrift vom Bauernwesen, das längste zusammenhängende Stück, das wir von ihm und auch das wir aus einer Senatsverhandlung jener Zeit überhaupt in echter Gestalt besitzen und verdient deshalb vollständig mitgeteilt zu werden. „Ich weiß", sprach er, „daß den meisten Menschen, wenn es ihnen recht gut geht, und die Dinge so recht im Flusse sind, der Mut sich hebt und Übermut und Hoffart wächst und gedeiht: darum kommt mich jetzt große Sorge an, weil dieser Handel" — er meint den macedonischen Krieg — „so gar gut von statten gegangen ist, es möchte bei unserer Beratung etwas Widriges sich ereignen, was unser Glück Lügen straft, und es möchte unsere Freude ins Maßlose ausschweifen. Unglück macht die Menschen zahm und lehrt

sie, was zu thun ist. Glück treibt sie durch die Freude vom rechten
Rat und rechter Einsicht weg: und so sage und rate ich um so mehr,
daß diese Angelegenheit einige Tage verschoben werde, bis wir nach der
großen Freude die Herrschaft über uns selbst wieder zurückgewonnen
haben. Und meine Meinung ist, daß die Rhodienser nicht gewollt
haben, daß der Kampf so endige, wie er geendigt hat und der König
Perses so ganz besiegt werde. Aber nicht die Rhodienser allein haben
das nicht gewollt, sondern ich glaube, viele Völker und viele Nationen
haben das auch nicht gewollt. Und vielleicht sind solche unter ihnen,
die nicht etwa uns zur Schmach diesen Ausgang nicht gewollt haben.
Sondern sie haben das gefürchtet: wenn kein Mensch mehr da wäre,
den wir scheuen müßten, daß wir dann alles thun würden, was uns
beliebte, und daß sie unter unserem alleinigen Machtwort in unserer
alleinigen Knechtschaft wären. Ihrer Freiheit wegen, glaube ich, haben
sie jenen Gedanken gehabt. Aber von Staats wegen haben die Rhodi=
enser doch den Perses niemals unterstützt. Überlegt, wie viel vor=
sichtiger wir da in unseren besonderen Angelegenheiten handeln. Denn
wenn einer von uns glaubt, daß etwas gegen sein Interesse geschehe, so
stemmt er sich mit aller Macht dagegen, daß nichts dem Widerwärtiges
geschehe — und sie haben das doch ruhig geschehen lassen. Und darum
sollten wir nun auf einmal die guten Dienste hin und her, und so
viele Freundschaft dahinten lassen? sollten nur gleich zuerst das thun,
wovon wir sagen, daß sie es haben thun wollen? Wer am heftigsten
gegen sie spricht, sagt nur eben, sie hätten Feinde werden wollen. Ist
denn einer unter euch, der, was ihn betrifft, es für billig hält, bestraft
zu werden um einer Sache willen, von der man ihn beschuldigt, daß
er sie habe schlecht machen wollen? Niemand, sollte ich meinen. Ich
wenigstens, was mich betrifft, möchte das nicht. Wie denn? giebt es
irgendwie ein so hartes Gesetz, das besagte, wenn einer dies und das
hat thun wollen, soll er um so und so viel gebüßt werden — wenn
er mehr als 500 Morgen Land hat haben wollen — so hoch soll die
Strafe sein? wenn einer mehr Schafe haben will, zu so viel soll er
verurteilt sein? Wir wollen ja doch von allem mehr haben, und kein
Mensch straft uns dafür. Und weiter: wenn es nicht billig ist, daß
man einem darum Ehre erweist, weil einer sagt, er habe etwas Gutes
thun wollen und hat es doch nicht gethan, soll es den Rhodiensern
zum Schaden werden, weil sie nicht etwa übel gehandelt haben, sondern
weil man von ihnen sagt, sie hätten übel handeln wollen? Sie sagen
die Rhodienser seien hochmütig, und da wirft man ihnen etwas vor,
was ich mir und meinen Kindern am wenigsten nachgesagt haben

möchte. Seien sie denn hochmütig — was berührt es euch? seid ihr etwa ärgerlich, wenn jemand hochmütiger ist, als ihr?" Es ist sehr viel Freimut und gesunder Menschenverstand in dieser Rede, und man möchte jeder Nation gelegentlich einen so freimütigen Warner wünschen: auch war sie nicht ohne Erfolg. Die Rhodier kamen glimpflich davon: man nahm ihnen allerdings das früher geschenkte Landgebiet auf dem Festland wieder, aber von Kriegerklären war nicht mehr die Rede, und bald stellte sich das frühere gute Verhältnis wieder her.

Eine nicht minder erfreuliche Rolle spielte Cato, den die Jahre wohl etwas milder gemacht hatten, etwas später bei der Frage der achäischen Verbannten, die man in Italien interniert hatte: eine Frage, die jedoch in einem größeren Zusammenhang zu betrachten ist.

Sonst ist uns aus den nächsten Jahren, 159, eine Rede bekannt, die er bei Gelegenheit einer lex de ambitu — ein Wort, das wir mit Amtsumschleichung, Bewerbung mit unzulässigen Mitteln und gelegentlich mit dem modernen Wort für eine alte Sache, mit Strebertum übersetzen können — gehalten hat: im darauf folgenden Jahre wird er eine besondere Freude erlebt haben, als die Censoren P. Cornelius Scipio Nasica und M. Popillius Länas ganz in seinem Sinn die Entfernung derjenigen Standbilder gewesener Würdenträger des Staates vom Forum verfügten, für die nicht ein ausdrücklicher Senats- oder Volksbeschluß vorlag: und auch die folgende Censur scheint im gleichen Geiste verwaltet worden zu sein. Eben aber in jenen Jahren nach glücklicher Beendigung des macedonischen Kriegs drang der griechische Einfluß in verstärktem Maße vor, und dies sehr natürlicherweise, da er begleitet und getragen war von einer Litteratur, für welche der Westen jetzt und längst reif war und der er doch nichts Ähnliches von eigenem Wachstum entgegenzusetzen hatte. Dabei reichte dieser Einfluß in sehr alte Zeit zurück, und er war mit jeder Generation, und namentlich in dem Zeitraum, in welchem die griechische Welt mit Waffen und Politik überwunden wurde, immer stärker geworden. Besonders waren es einzelne der großen senatorischen Häuser, wie die Scipionen und die Flamininus, welche diesen Geist in Kunst und Dichtung pflegten, und einzelne tief und edel angelegte Männer wie Ämilius Paulus hatten ein Höchstes auf diesem Gebiete erreicht, indem sie römischen Ernst und römische Gewissenhaftigkeit mit den edelsten Elementen griechischer Bildung zu einer schönen Harmonie vereinigten: von der Kriegsbeute behielt der Sieger von Pydna für sich nichts als die Bibliothek des gestürzten Königs, und die Muße, die ihm nach Beendigung des Krieges und nach der sehr mühevollen Abwicklung der griechischen und macedonischen Angelegenheiten blieb, benutzte er zu einer Bereisung Griechenlands, die ihn an die geweihtesten Stätten hellenischer Kunst und hellenischen Geisteslebens führte. Und auch Cato selbst hatte sich diesem Einfluß nicht entziehen können, so wenig als irgend ein anderer römischer Mann seiner Geburts= und Lebensstellung. Aus einigen Anführungen homerischer Stellen, die von ihm erwähnt werden, und die, da sie mit Geist verwendet und nicht von der Oberfläche geschöpft sind, in der That auf ihn und auf den bestimmten Anlaß, bei dem sie erwähnt werden, zurückzuführen sein möchten — aus diesen An= führungen darf man wohl schließen, daß die Dichtungen Homers ihm ebenso wie anderen römischen Knaben seiner Herkunft schon in früher Jugend nahe gebracht worden sind; man weiß, daß er in seinen späteren Jahren sich mit Demosthenes und Thukydides beschäftigt hat, und wenn er, wie uns berichtet wird, von Isokrates urteilte, daß dessen Schüler auf dem umständlichen Wege seiner Redekunst und Redelehre nur befähigt würden, dereinst Prozesse im Schattenreiche vor König Minos zu führen, so beweist dieser gar wohl zum Ziele treffende Spott gegen den athenischen Professor, der zehn oder fünfzehn Jahre an seiner Lobrede auf die Stadt Athen feilte und tiftelte, daß Cato ihn nicht bloß vom Hörensagen kannte: mehr als alles aber beweist, wie tief dieser griechische Einfluß auch auf ihn gewirkt hat, der Um= stand, daß er sich diesem Einfluß auf seinem eigenen Boden, mit seinen eigenen Waffen entgegenstellte, -- daß er selbst zum Schriftsteller wurde, um ihn zu bekämpfen.

Denn durchaus polemisch stellte er sich doch seiner ganzen Natur nach gegen dies Eindringen des Griechentums. Es ärgerte ihn und verletzte sein nationales Selbstgefühl, daß „der Lakone Leonides" für seine Heldenthat bei den Thermopylen von ganz Griechenland mit Denkmälern, mit Bildern, Statuen, Lobreden, Geschichten gefeiert werde, während von einer ähnlichen Heldenthat eines römischen Mannes — er nennt einen Kriegstribun Q.u. Cädicius und eine That heroischer Selbstaufopferung aus dem ersten punischen Kriege und er hätte ohne Zweifel noch manche andere, sehr viele, aus der Kriegsgeschichte seines Volkes anführen können -- niemand viel Wesens mache. Dies war eine gesunde Empfindung: und auch eine andere Äußerung dieses nationalen Selbstgefühls möchte man loben. Ein römischer Geschicht= schreiber, A. Posthumius Albinus, hatte, wie vor ihm andere, und aus Gründen, die doch keineswegs alle zu tadeln waren, sein Werk in griechischer Sprache geschrieben und im Vorwort mit der in solchen Fällen üblichen Bescheidenheit, hinter der sich die Eitelkeit versteckt, sich für die etwaigen Inkorrektheiten seiner Darstellung die Nachsicht des geneigten Lesers erbeten, weil er ja nicht in seiner Muttersprache schreibe. „Hat dich denn", so gab ihm Cato mit glücklichem Spott zu hören, „das Amphiktyonengericht verurteilt, griechisch zu schreiben?"

Indes nicht alle Symptome dieses griechischen Einflusses waren so harmloser Art, daß man sie mit einem Wort beißenden Spottes abwehren konnte. Auf allen Gebieten, geistigen und materiellen, machte er sich geltend, und Cato gehörte nicht zu jenen feineren und vermittelnden Naturen, welche, wie z. B. Ämilius Paulus, aus einer fremden Kultur das Gute sich aneignen und das Schlechte stillschweigend ablehnen — mit seiner ganzen Persönlichkeit, mit jenem ganzen ungeteilten vollen Hasse, der seine Kraft und seine Schwäche war, warf er sich dieser unwiderstehlich andringenden und durch alle Kanäle eindringenden Flut entgegen. Er hatte von Athen die Überzeugung mitgebracht, die er gegen seinen Sohn Marcus ausspricht, daß es gut sei, von der griechischen Litteratur Kenntnis zu nehmen, nicht aber sie gründlich zu erlernen. „Ihre Art, ich will es beweisen, ist ganz heillos und unverbesserlich." „Und das", fährt er fort, „achte wie eines Sehers Wort: wenn dies Geschlecht seine Litteratur bei uns einführt, so wird es alles korrumpieren". Noch mehr aber ärgerte er sich über die griechischen Ärzte, welche in ziemlicher Zahl herüberkamen, seitdem ein gewisser Agatharchos — im Jahre 219, als Cato 15 Jahre alt war, war es geschehen — sich in Rom niedergelassen, und weil er Erfolge erzielte, vom Senat, verdientermaßen wie man denken sollte, das römische Bürgerrecht erhalten hatte. Sie brachten eine Heilkunst und eine Aufklärung mit sich, welche die Heilmethode der altitalischen Bauernrecepte und Sympathiekuren, wie er sie in seiner Schrift über den Ackerbau noch gutgläubig mitteilt, die untrüglichen Purgationsmittel und die Zaubersprüche bei Verrenkungen moeta voeta daries dardaries astataries dissunapiter u. a. in den Hintergrund drängten. Man wird aber auch nicht außer acht lassen dürfen, daß unter diesen griechischen Heiltechnikern manche Schwindler und geldgierige Specialisten waren, und daß einiger Grund immerhin zu dem Ärger vorhanden war, der Cato die Worte eingab, daß diese griechischen Ärzte sich verschworen hätten, alle Barbaren — und auch sie, die Römer, nennten sie Barbaren und Opiker — mit ihrer Medizin zu töten und zwar gegen Honorar, das dazu dienen solle, ihnen Vertrauen zu erwecken, damit sie alles desto leichter zu Grunde richteten.

Dieser Ärger über unverschämte Honorare und schwindelhafte Reklame ist äußerlicher Art, und ging nicht tief: gefährlicher konnte der

Einfluß des Griechentums auf einem andern Gebiete erscheinen, dem religiösen. Die popularisierte Skepsis, wie sie die Dichtung des Euripides durchzieht, dessen Genius oder dessen Talent die ganze Folgezeit beherrschte, die rationalistische Aufklärung, die schon lange am Werke war, die hehren Gestalten der alten Sage und Dichtung, ihre Götter und Heroen in berühmte und verdiente Sterbliche zu verwandeln, aus welchen die Phantasie eines dankbaren und naiven Volkes göttliche Wesen gemacht habe, — dieser Geist des Zweifels und der Aufklärung war auch in die römische höhere Gesellschaft eingedrungen, und der Lieblingsdichter der Aristokratie, der erklärte Günstling des scipionischen Kreises, der Calabrier Qu. Ennius, mit dem Cato, soweit wir sehen, nur einmal durch einen Zufall in Berührung gekommen ist, brachte gelegentlich in seinen Dichtungen Stellen, in denen sich dieselbe Freiheit den Volksvorstellungen gegenüber kundgiebt, wie bei Euripides. Es findet sich indes keine Spur, daß Cato gerade auf diesem Gebiete für das Altrömische besonders eingetreten wäre. Wenn man die Sammlung der Fragmente aus seinen Reden und Schriften, welche ein deutscher Gelehrter mit Einsicht und Sorgfalt zusammengestellt hat, durchmustert, so findet man kaum je ein Wort, dem man ein eigentlich religiöses Empfinden anfühlte; Cato hat niemals ein Priestertum bekleidet; eine spätere Schrift legt ihm die bedenkliche Äußerung in den Mund, daß er nicht begreifen könne, wie ein Haruspex dem andern — oder ein Augur dem andern — begegnen könne ohne zu lachen, und denselben Geist atmet jene Anekdote von den Feldmäusen, die wir oben erzählt haben: er war auch darin eine durchaus praktische, nüchtern-verstandesmäßige, rationalistische Natur. Vielleicht lag auch hier für die römische Welt keine so große Gefahr, so wenig als heute etwa der Rationalismus dem italienischen Volke sehr gefährlich ist. Dem römischen Volke war bei seiner schwunglosen Phantasie und seinem sehr nüchternen Rechnen und Denken die Religion keine Macht, die ihre ganze Ideenwelt beherrscht und in Bewegung gesetzt hätte. Der Dienst der großen Götter in seinen traditionellen, festen Formen, mit seinen herkömmlichen Opfern und Festen ging, von der Skepsis unberührt, seinen geregelten Gang, wie die Wahlen und die Schatzungen, und die Namen und schattenhaften Wesen, deren der römische Bauer in Haus und Hof bedurfte, diese Fieber-, Saat-, Ernte- und Düngergötter und -Geister boten, wie sie kein tieferes religiöses Interesse erweckten und befriedigten, so auch keine Angriffspunkte dar, wie die griechischen Götter sie einem geistreichen Volke boten: dem Aberglauben stört der Zweifel seine Kreise nicht, sondern nur dem Glauben.

Auf dem Gebiete sittlichen Handelns und rechtschaffener Gesinnung in menschlichen Verhältnissen, nicht in jenen tiefsten Regionen, wo der Menschengeist nach reiner Erkenntnis dessen ringt, was den Erscheinungen des Lebens zu Grunde liegt, war es, wo Cato den Kampf führte, und hier hatte er guten Grund und Boden unter den Füßen. Ein Anlaß, bei dem die ganze Gemeinheit der Gesinnung zu Tage trat, wie sie in den verkommenen Staatswesen Griechenlands herrschte, zugleich mit dem Firnis blendender dialektischer und rhetorischer Gewandtheit, womit man diese Gemeinheit zu überstreichen wußte, rief ihn auf den Kampfplatz. Es war ein charakteristischer Vorfall. Die Athener waren wegen Vergewaltigung der Stadt Oropos von einem Schiedsgericht zu einer unerschwinglichen Geldsumme verurteilt worden, und schickten nun drei Meister des Worts von ihren drei Hauptrichtungen oder Philosophenschulen, einen Akademiker, einen Stoiker und einen Peripatetiker in dieser Angelegenheit nach Rom, um vom Senat Nachlaß oder Milderung der Straffumme zu erbitten. Diese Abgeordneten, und namentlich Karneades, der Akademiker, benutzten die gute Gelegenheit, ihre Meisterschaft im dialektischen Unterweisen, im Disputieren für und wider, in Rom zu verwerten und sie machten ein gutes Geschäft. Das Philosophieren in diesem Sinne, wo es nicht um die Wahrheit, sondern um das Rechtbehalten und die schlagfertige Antwort auf jeden Einwurf galt, wurde Mode unter der vornehmen Jugend Roms, und Cato drang im Senat auf rasche Erledigung jener Angelegenheit, damit die gefährlichen Sophisten sobald als möglich wieder fortkämen. Es geschah: aber diese Einflüsse hatten noch andere Mittel und Wege genug, um sich geltend zu machen.

Das Hauptmittel war Wort und Schrift, und auch die Bekämpfung dieses Geistes hatte wenig andere Mittel als Wort und Schrift, und Cato gehörte nicht zu denen, welche mit Wort und Schrift nur Beifall im Sinne einer herrschenden Mode oder Parteirichtung suchen. Es ist zu beklagen, daß von dem, was er geschrieben hat, nicht mehr uns erhalten ist: doch reicht das Erhaltene hin, uns zu zeigen, daß der italische Geist in origineller Weise in ihm Gestalt gewonnen hat, daß er des Wortes in hohem Grade mächtig war und daß er es als ein unabhängiger Mann zu handhaben wußte. Man spricht jetzt wohl, indem man einem homerischen Ausdruck einen neuen Begriff unterschiebt, von geflügelten Worten: entweder der Zufall schafft sie, der einem Sprechenden, ohne daß er selbst es will und weiß, ein Wort auf die Zunge legt, das treffend und für alle faßlich eine Lage schildert, einen Gedanken oder eine Empfindung ausdrückt, welcher eine Zeitströmung oder Zeitstimmung entspricht; oder Männer von Geist und Charakter schaffen sie, indem sie einen von vielen nur halb oder unklar gedachten Gedanken auf originelle Weise denken und dem Ausdruck etwas von ihrem eigenen Geist und Charakter mitgeben. Solche Worte hat man wie bekannt von vielen bedeutenden Männern, entweder unmittelbar von ihnen stammende oder solche, welche irgendwie mit ihnen in Verbindung gebracht, gleichsam mit ihrem Namen als Etikette bezeichnet, ihnen zugeschrieben werden; von dieser Art ist das meiste, was auf Alexander den Großen zurückgeht; auch von Cato haben wir einige Aussprüche, die sofort von den Hörern aufgegriffen, lange nach seinem Tode in seinem Volke nachgewirkt haben, ja etliche derselben sind gewissermaßen Gemeingut der gebildeten Schichten in aller Welt geworden. Jenes „durch Nichtsthun lernt man Schlechtthun", ist Weisheit für alle Zeit; jenes „Es ist aus mit der Stadt, wo ein Fisch mehr kostet als ein Ackerstier", „Hier kauft man den Koch teurer als den Gaul" kann man auch in anderen Zeiten, wo ein Blumenstrauß für eine Sängerin oder Tänzerin mehr kostet, als der Unterhalt einer Familie für Wochen und Monate, wohl brauchen; „halte nur die Sache fest, die Worte werden dann schon folgen" ist ein guter Rat für Redner aller Zeiten, ebenso gut und ebenso selten befolgt wie der, daß man „die Kräfte der Sache" (vires causae) wirken lassen müsse: und überaus beherzigenswert in einem Zeitalter, wo Zeitungs- und Parlamentssophistik in so hoher Blüte steht, ist seine Definition des Redners: „Ein Redner, mein Sohn Markus, ist ein wackerer Mann, des Sprechens erfahren." In der That vermißt man jene löblichste aller Eigenschaften, die Kräfte der Sache wirken zu lassen, in dem, was uns von seinen Reden übrig ist, nicht: den nicht gerade aus der Tiefe geschöpften, aber zur Sache gehörenden Gedanken drückt er, ohne Wiederholungen zu meiden, mit voller Deutlichkeit in die Seele der Zuhörenden. „Ich weiß das längst, habe es erfahren und erkannt und mir zum Bewußtsein gebracht, daß es recht gefährlich ist, sich der öffentlichen Dinge mit Eifer anzunehmen": „Wenn er alles aus trüglichem Sinne gethan hat, alles des Geldes und Geizes wegen gethan hat": er spricht gern in Antithesen und liebt es zu definieren: „ein anderes ist eilen, ein anderes hasten — wer ein Ding rasch erledigt, der eilt; wer Vieles zu gleicher Zeit beginnt und nicht vollendet, der hastet": „man muß kaufen nicht was nötig ist, sondern was unumgänglich ist, was aber nicht einmal nötig ist, ist für einen As zu teuer" — es kam seinen Reden zu gute, daß die Sprache noch nicht ganz fest und konventionell geworden war, daß sie einem kräftigen Geist noch gestattete, sich die Worte und Sätze frei zu formen, und die Fragmente geben nicht wenige solcher eigenartigen Worte. Man kann es wohl glauben, daß man ihn fürchtete, wo er angriff, denn anders als den Griechen, wie er selber sagt, fließen ihm die Worte nicht von der Lippe, sondern aus dem Herzen — aus einem starken sittlichen Gefühl und einer leidenschaftlich bewegten Seele: und da ihm zugleich in hohem Maße der Sarkasmus zu Gebote stand, so lag seine eigentliche Stärke eben in der Polemik, der Invektive, deren ätzende Schärfe nicht wenige erfuhren. Er beginnt etwa mit einem Gemeinplatz: „Wer am Gute eines Privatmannes zum Diebe wird, verlebt seine Tage in Ketten und Banden, wer am Gemeinwesen, in Gold und Purpur": dann aber weiß er das Bild des Gegners in schreienden Farben den Zuhörern vorzuführen, den die Redekrankheit befallen hat, so daß er sich Zuhörer für Geld mieten würde, wenn sie nicht von selber kämen — den Quacksalber, den man zu allem dingen kann, den Pflastertreter, den Fescenninendichter —: einem lasterhaften Greise ruft er die Worte zu: „Das Alter hat Beschämendes genug in seinem Gefolge: hüte dich, es durch die Schande nichtswürdigen Lebens zu vermehren." Dabei ist in seiner Rede nichts Demagogisches — nichts von den Künsten, mit denen man sich in die Stimmung der Zuhörer einschmeichelt, „es ist schwer, ihr Bürger, zum Bauche zu reden, der keine Ohren hat"; auch trägt er kein Bedenken, das Volk mit einer Schafherde zu vergleichen, die willenlos dem Leithammel folge, in der kein einzelner sich weisen lasse. Auch die Rede für die Rhodier zeigt diese geradezufahrende Art und die Unabhängigkeit von den Strömungen in der Versammlung, zu welcher er spricht.

Es lebte aber in diesem Manne zugleich ein sehr reger Trieb zu lernen, sich zu belehren und die Dinge erst sich selber klar zu machen, ehe er sie andern klar zu machen versuchte und auch für ihn als Redner ist dieser Zug zum Positiven ein gutes Zeichen: in der That ist es doch die Kenntnis des Thatsächlichen und die Achtung vor dem Thatsächlichen, was den Redner vom Schwätzer oder bloßen Wortemacher unterscheidet. Wie über den Landbau, so hat er auch über das Kriegswesen das seiner Ansicht nach Wissenswerteste und von ihm selbst in seiner militärischen Laufbahn durch Erfahrung Erprobte zusammengestellt — dort, was im Frieden einem guten Landwirt, hier was einem Führer seiner Mitbürger im Kriege zu wissen nötig ist. Wir können uns von diesem Soldatenkatechismus, von dem nur ganz wenig auf uns gekommen ist, nur eben nach der Analogie jenes Bauernkatechismus einen ungefähren Begriff machen: die verschiedenen Stellungen beim Kampfe, die Waffengattungen und ihre Verwendung — wie viel gute Bogenschützen im Gefecht wert sind z. B. —, Schlachtordnung, militärische Strafen werden behandelt: rasch genug im rechten

Augenblick zu sein, bezeichnet er zusammenfassend als die Haupttugend des Führers, wie es auch die des Soldaten ist. Es wird ein sehr nützliches Buch gewesen sein, denn die besten Tugenden militärischer Führung waren ihm teils angeboren, teils hatte er sie sich anerzogen: scharfen Blick und gute Beobachtung wie sie bei der Landwirtschaft, die von frühester Jugend an sein Leben bestimmte, unaufhörlich geübt wird. Strenge gegen sich selbst, welche zur Strenge gegen andere ein Recht giebt, natürliche Autorität, die sich nicht scheut zu tadeln und zu strafen — und endlich die Fähigkeit, von der Theorie für die Praxis, von der Praxis für die Theorie Gewinn zu ziehen. „Wer ihn und andere Führer in langer Kriegerlaufbahn kennen gelernt hat," so hören wir, als im Jahre 171 Freiwillige für den makedonischen Krieg aufgeboten wurden, einen Mann aus dem Volke, Spurius Ligustinus, urteilen, der in Spanien unter ihm gedient hatte und mit Stolz sich erinnerte, daß er von ihm, von M. Porcius Cato, zum Centurio des ersten Manipels der Hastaten seiner Legion befördert worden war — „der weiß, daß unter allen Lebenden kein schärferer Kenner und Richter kriegerischer Tüchtigkeit gewesen ist."

Ob er auch die Rechtskunde in ähnlicher Weise behandelt hat, ist nicht sicher und nicht gerade wahrscheinlich, obgleich er durch die unzähligen Prozesse, die er geführt, und die vielen Staatsaktionen, bei denen er beteiligt war — von 80 Reden besitzen wir Fragmente oder die Überschriften — seine Kenntnisse auch darin auf einen achtungswerten Stand gebracht haben wird: wir wissen darüber so wenig wie was es mit einem carmen de moribus, das ihm zugeschrieben wird, für eine Bewandtnis hat: von seinem Sohne Markus, der bei aller jener Schriftstellerei als erster wenn auch keineswegs einziger Leser vorausgesetzt wird, in erster Linie gegolten zu haben scheint, ist bezeugt, daß er ein guter Jurist gewesen sei.

Dagegen haben wir von einem andern bedeutenden Werke, das uns zeigt, wie er des größern und tiefern Zusammenhangs mit dem Leben seiner Nation, in dem sein Wirken stand, sich wohl bewußt war, noch ansehnliche Reste: Reste, die uns, indem sie uns gestatten, mit seinem Geiste noch in unmittelbare Fühlung zu treten, überhaupt erst möglich machen, die Geschichte dieses Manneslebens aus bedeutsamer Zeit zu schreiben. Dies war ein größeres Geschichtswerk, in sieben Bücher abgeteilt, welches er Ursprünge, Ursprungsgeschichten, Origines nannte, und an dem er bis kurz vor seinem Tode gearbeitet hat. Der Bedeutendste unter den jetzt lebenden Kennern römischer Geschichte, Theodor Mommsen, nennt ihn den Schöpfer der römischen Prosa: dieses Werk böte, wenn wir es ganz besäßen, ein römisches Seitenstück zu Herodot — freilich ohne dessen feinen Geist, ohne dessen helles, allem Menschlichen offene und auch für der Menschenseele tiefste Regungen geöffnete Auge: auch die Form würde uns nicht in gleichem Maße und jedenfalls in ganz anderer Art ansprechen, als die frische lebendige Sprache des feinfühligen Griechen, und auch den reinen Wissensdrang Herodots würden wir vermissen: Alles ist bei ihm realistischer, ohne alles Geniale und ohne Sinn für das Geniale: aber auf der andern Seite teilt er mit Jenem eine gewisse Natürlichkeit der Auffassung und den Eifer, Kenntnisse zu sammeln, zu den bekannten Wirkungen die unbekannten Ursachen zu suchen, — es interessieren ihn die Fruchtbarkeit des Bodens, die Produkte eines Landes, die charakteristischen Züge der Bevölkerungen, wie denn sein Urteil über die Gallier, „daß sie zwei Dinge besonders verstehen, das Waffenhandwerk und die zugespitzte Rede" noch heute zutrifft. Ob wir an den Gründungsgeschichten, der von Rom und ihr folgend der vieler andern italischen Städte, wie sie nach und nach von den Römern unterworfen wurden, — welche die ersten drei Bücher gefüllt haben, sehr viel verloren haben, muß dahingestellt bleiben. Denn von wirklicher Kritik und also wirklicher Geschichte — Erkundung und Mitteilung des wirklich Geschehenen — war er weit entfernt. Dieser Teil der Geschichte Roms und Italiens war damals schon durch die Fabeleien der Griechen unheilbar zerrüttet; auch Cato glaubte, daß Tibur von dem Arkadier Catillus, dem Flottenführer Evanders gegründet worden sei, und zur Erklärung eines Namens ist ihm, wie freilich dem Altertum überhaupt, jede Analogie oder jeder ähnliche Klang oder Klingklang gut genug: die Stadt Präneste habe ihren Namen, quia is locus montibus praestet — ungefähr wie wenn wir sagen wollten, weil das Nest das Prae habe, hoch oben auf dem Berge zu liegen, habe man der Stadt den Namen Präneste gegeben. Indes seine Absicht war doch, ernsthafte Geschichte, die res gestae populi Romani zu schreiben: und im Anfang des 4. Buchs spricht er sehr deutlich aus, daß es für ihn sich nicht darum handle, was man in der Chronik oder dem Kalender des Pontifex Maximus lesen könne, wie oft das Getreide teuer gewesen sei, wie oft die Sonne oder der Mond sich verfinstert habe. Es ist darum sehr zu beklagen, daß auch die Bücher 4—7 fast ganz verloren gegangen sind, in denen er vom ersten punischen Kriege an die Ereignisse erzählt hat, deren Gedächtnis in seinem Knabenalter noch sehr frisch war, und dann weiterhin diejenigen, bei denen er selbst mithandelnder Zeuge gewesen ist. Viel Schmuck und Glanz der Darstellung würde man nicht entfaltet finden: sehr nüchtern, aber frisch und unmittelbar ist der bekannte Vorgang, der nach der Schlacht bei Cannä im Lager des Siegers entweder wirklich stattgefunden hat, oder den wenigstens die Zeitgenossen aus der Lage der Dinge kombiniert haben, erzählt. „Da mahnt den Diktator der Karthaginienser sein Reiterführer: schicke mit mir die Reiterei nach Rom — nach fünf Tagen wird dir das Mahl auf dem Kapitol gekocht sein. Darnach, am folgenden Tage, läßt der Diktator den Reiterführer herbescheiden: ich will dich jetzt, wenn du willst, mit den Reitern schicken. Jetzt ist es zu spät, erwidert der Reiterführer, jetzt haben sie's schon erfahren." Der Umstand, daß er wichtigere seiner eigenen Reden vollständig dem Werke einverleibte, weist darauf hin, daß dasselbe stark subjektiv war: er sei, sagt Livius von ihm, seinem eigenen Ruhme keineswegs gram gewesen: indes auch so wäre das Werk und sind seine Trümmer uns hoch willkommen, da diese Reden denn doch wirklich von einem wirklichen Zeitgenossen gehalten, und nicht nach der Weise antiker Geschichtsschreibung als rhetorische Kunststücke Jahrzehnte oder Jahrhunderte später komponiert worden sind.

Man kann annehmen, daß dieses Werk seine späteren Jahre — etwa von 168 v. Chr. an — beschäftigt hat, und er wird diese Jahre wohl meist in Rom zugebracht haben. Er hatte „durch Landbau und Sparsamkeit", die er selbst als die besten Erwerbsquellen bezeichnet hat, auch durch Kauf, Verkauf, Verpachtung, kurz durch intelligente Verwertung seines Besitzes ein ansehnliches Vermögen erworben, an dem nicht, wie bei so vielen seiner Standesgenossen, ein Vorwurf haftete. Daß er so weit mit der Zeit fortgeschritten war, um sich mehr Bequemlichkeiten zu gönnen als früher, das könnten wir mit Bestimmtheit sagen, selbst wenn wir es nicht bei ihm selbst lesen würden: indem er ausspricht, daß man eigentlichen Luxusbesitz, kostbare Gefäße, Gewänder, Bauten, Sklaven, Sklavinnen bei ihm nicht finden würde, fährt er doch fort: „wenn ich etwas habe, das ich brauchen kann, so brauche ich's. Wenn ich nichts habe, so entbehre ich's — — soviel mich angeht, mag jeder, was er hat, gebrauchen und genießen." Denn, charaktervoll, eigenartig, durchaus selbständig, war er doch kein Sonderling. Sein Privatleben können wir bis wenige Jahre vor seinem Tode verfolgen: es war nichts Gemachtes und Affektiertes in ihm, und er war im Grunde eine gesellige Natur, auch dem Wein in guter Gesellschaft von Nachbarn und Freunden nicht abhold. Über seine Töchter erfahren wir nichts: doch gehört hierher das Wort, das ihm Ehre macht, — er habe seine Worte vor seinen Kindern so sorgfältig gehütet, wie in Gegenwart der vestalischen Priesterinnen. Sein Sohn Marcus, der einzige aus der Ehe mit Licinia, den er mit großer Sorgfalt erzogen und dem er auch die meisten seiner Schriften zwar keineswegs allein, aber doch zuerst und zunächst bestimmt hatte, war wie erwähnt mit einer Tochter des Ämilius Paulus verheiratet, und dieser Ehe waren zwei Söhne, Marcus und Cajus, entsprungen. Diesen Sohn überlebte Cato: er starb, als der Vater schon hochbetagt war, als designierter Prätor im Jahre 153 oder 152: der Vater rüstete ihm ein prunkloses Leichenbegängnis. Licinia war schon früher gestorben, das Jahr ist unbekannt. Nach längerer Zeit heiratete er zum zweiten Male: er erkor die Tochter eines seiner Klienten, eines Schreibers Salonius, den er ohne viel Umschweif, als er ihn auf dem Forum traf, von dieser seiner Absicht in Kenntnis gesetzt haben soll. Sie gebar dem 80jährigen einen Sohn, M. Porcius Cato Salonianus, und dieser salonianischen, nicht jener ämilianischen Linie entsprang der berühmte Konservative späterer Tage, der Gegner Cäsars, der zum zweiten Male dem Namen M. Porcius Cato die Bedeutung eines großen Princips geben sollte.

Auch das letzte Jahrzehnt seines Lebens brachte er noch in voller Thätigkeit zu und die Beschwerden des Alters scheinen ihm wenig angehabt zu haben, wenn er auch schwerlich jene ideale Anschauung vom Greisenalter gehabt haben wird, die ihm Cicero in der Schrift de senectute in den Mund legt. Noch einmal, im Jahre 151, wird seine Beteiligung an den Senatsverhandlungen in einer Staatsfrage, die immer von Zeit zu Zeit wieder auftauchte, erwähnt. Man war nach Beendigung des dritten makedonischen Kriegs zu der harten Maßregel geschritten, 1000 achäische Notabeln, welche der makedonischen Partei angehört hatten, unter denen aber sicherlich auch manche Opfer der in Griechenland in Blüte stehenden Denunciation sich befunden haben werden, in Italien zu internieren. Der achäische Bund schickte wiederholt zu ihren Gunsten nach Rom, 164, 160, 155, wurde damit wiederholt abgewiesen, und nicht wenige dieser Verbannten waren auf italischem Boden schon gestorben. Einige wenige unter ihnen hatten ein besonderes Glückslos gezogen, so der Megalopolitaner Polybios, des Lykortas Sohn, der Aufnahme im Hause des Ämilius Paulus und dadurch auch in der scipionischen Familie fand, ein ernster, kenntnisreicher, in Staatsgeschäften viel verwendeter und umgetriebener Mann: es ist wenig gewagt, zu vermuten, daß dieser Mann, der sich mit voller Sympathie und tiefem Verständnis dem Römertum zuwandte, nicht ohne Anteil daran war, wenn auch Cato in dieser seiner späteren Zeit, wie wir gesehen haben, einiges Verständnis für die besseren Seiten des Griechentums gewann. Die Sache der achäischen Verbannten kam im

Senate vor: ein glücklich treffendes Wort Catos entschied zu ihren
Gunsten. „Ist es nicht, als hätten wir nichts Wichtiges auf der Welt
zu thun," ließ er sich vernehmen, als die Debatte kein Ende finden
wollte, „wir sitzen den ganzen Tag und berathschlagen, ob einige achäische
Greise von unseren oder von ihren eigenen Totengräbern bestattet werden
sollen." Dies schlug durch, und den Achäern wurde die Heimkehr gestattet.

Sehr bezeichnend für griechische, und vielleicht überhaupt für menschliche Art ist nun, daß Polybios nach diesem günstigen Bescheid versuchen
wollte, ob sich nicht auch die volle Herstellung der Männer in ihre Güter
und Ehren vom Senate würde erlangen lassen. Cato kannte den Boden,
auf dem man stand besser: er gab dem Polybios mit einer sehr treffen-
den Illustration aus Homer das Verkehrte dieses Gedankens zu er-
kennen: das sei eben, als wenn Odysseus, nachdem er mit heiler Haut
aus der Höhle des Polyphem entkommen sei, noch einmal hätte um-
kehren wollen, um sich seinen Gürtel und Reisehut zu holen, die er
dort hätte liegen lassen.

In dieser Zeit reifte eine größere Staatsfrage, eine Frage von
höchster Wichtigkeit, die karthagische, einer Entscheidung entgegen. Es
ist bekannt, wie diese Entscheidung fiel: und der Beschluß, welcher zum
Kriege führte, würde nach der unter uns geläufigen Darstellung
noch unter Catos Einfluß gefaßt worden sein. Sehr einfach ist es,
auch hier wieder die „macchiavellistische Politik" der Römer zu Hülfe
zu nehmen: der römische Senat hätte der Stadt im Frieden des Scipio
den König Masinissa von Numidien zur Seite gesetzt; dieser habe,
indem er der karthagischen Republik, welche keinen Krieg ohne römische
Genehmigung führen durfte, ein Landgebiet nach dem andern abforderte,
die Stadt in eine unmögliche Lage versetzt; die römische Vermittlung
wäre wiederholt, aber immer vergebens, angerufen worden, die römischen
Gesandtschaften hätten die Dinge gehen lassen, wie sie mochten; so hätten
schließlich die Karthager in ihrer Verzweiflung gegen Masinissa die
Waffen ergriffen, was sie nach dem Vertrage nicht durften: und dadurch
den Römern den willkommenen Vorwand gegeben, einzuschreiten und mit
der Stadt ein Ende zu machen. Allein, wenn sie dies wollten, so
hätten sie während der 50 Jahre, welche diese seltsame Politik gedauert
haben soll, seit 168 zum mindesten jeden Augenblick Gelegenheit, Anlaß
und Möglichkeit gehabt, diese Absicht auszuführen. Es ist ohne Zweifel
richtig, daß der römische Senat, der um 200 keinen Besitz in Afrika
wünschen konnte, so wenig er einen solchen in Asien wünschte, die Karthager durch Masinissa niederzuhalten strebte und gegen diesen also viele
Nachsicht walten ließ: aber hier ist der Punkt, der in unsern Vor-

stellungen verdunkelt ist und den man auch bei den Verhandlungen im römischen Senat wahrscheinlich nach Kräften verdeckt hat. Masinissa war ein Barbarensultan außerordentlicher Art, der einen gewaltigen Ehrgeiz hegte: und daß dieser Ehrgeiz nicht bloß auf Teile des karthagischen Gebiets, sondern auf den Besitz der Stadt selbst, der natürlichen Hauptstadt eines großen libyschen Reiches der Zukunft, gerichtet war, das können wir aus der ganzen Lage der Dinge so gut schließen, als man es zu Rom wußte, und wenn man es nicht gewußt hätte, so hätte die mehr als orientalische Schmeichelei, und die beinahe knechtischen Formen, in welche er seine Glückwünsche aus Anlaß der römischen Siege kleidete, darüber aufklären müssen. Wir wissen von den inneren Verhältnissen Karthagos nach dem scipionischen Frieden sehr wenig und gar nichts aus unmittelbaren, punischen oder numidischen Quellen: wir wissen aber, daß der König eine Partei in der Stadt hatte, und als nun der Krieg zwischen ihm und Karthago ausbrach und er über ein karthagisches Heer einen sehr vollständigen Sieg erfochten hatte, da war für den Senat die Zeit — und die höchste Zeit — zum Einschreiten gekommen. Nicht Macchiavellismus, sondern Fahrlässigkeit und langes Zaudern muß man dem römischen Senat in dieser Sache vorwerfen. Die Gefahr lag jetzt nahe, daß die große, reiche und herrlich gelegene Stadt dem Masinissa anheimfalle und damit ein libysches Großreich erwachse, das für Rom vielleicht nicht unmittelbar gefährlich gewesen wäre, aber unter Verhältnissen hätte gefährlich werden können: dessen Aufrichtung in jedem Falle den ganzen Erfolg des langen Ringens mit Karthago wieder in Frage gestellt haben würde. Die Wiederherstellung einer großen Macht an dieser Stelle widerstritt handgreiflich den Principalsätzen der römischen Politik, wie sie bei der Lage und natürlichen Konfiguration Italiens heute den Principalsätzen der italienischen Politik widerstreitet. Die Römer also mußten irgendwie die Hand auf Afrika legen und wie, in welchen Formen, welchem Umfange, mit welchen Mitteln dies geschehen solle, wird sicherlich ein Problem gewesen sein, das nicht einige Tage und Wochen, sondern Jahre und Jahrzehnte die leitenden Männer beschäftigt hat.

Es bildeten sich zwei entgegengesetzte Ansichten oder Parteien aus, die wahrscheinlich in dem einen Punkte einig gewesen sein werden, daß ein unmittelbares Einschreiten in Afrika und was damit von selbst gegeben war, eine dauernde militärische Stellung an der libyschen Küste, Sicilien, also Italien gegenüber, notwendig sei. Dieser Punkt konnte eigentlich nur Karthago selber sein: und die eine Partei strebte deswegen darnach, irgendwie einen Zusammenstoß zwischen Rom und Karthago herbeizuführen oder vom Zaune zu brechen. Dann ergab sich das übrige von selbst: man konnte nach einem vermutlich kurzen Kriege die Stadt zerstören und über ihr Gebiet verfügen. An der Spitze dieser Partei stand nach unserer Überlieferung Cato und daran wird auch nicht zu zweifeln sein, er vertrat die Anschauungen, die Vorurteile, die Leidenschaften der alten Generation, welche die schweren Jahre des hannibalischen Kriegs und zwar mit dem ganzen Feuer und Ingrimm der Jugend durchgemacht hatte, und welche diese Erinnerungen aus der Zeit, da Hannibal das Land Italien zerriß und zerfleischte, ihr Leben lang nicht los wurde. Es war ganz so, wie ein Beispiel aus naher Vergangenheit uns lehrt. Beinahe ein Jahrzehnt hatte im Anfang unsers Jahrhunderts Deutschland und Preußen die furchtbare Tyrannei Napoleons, den Raub und den Hohn und den Übermut der Franzosenherrschaft durchzumachen gehabt, eben wie Italien und Rom von 218—203 Hannibal und das punische Heer in seinen Eingeweiden hatte: mit schwerster Anstrengung, mit heroischer Zusammenfassung aller ihnen noch gebliebenen Kräfte hatten beide Völker, das römische von 203, das preußische von 1813, den Sieger von Jena dieses, den Sieger von Cannä jenes niedergerungen und deren Volk zum Frieden gezwungen; mehr als 50 Jahre lang hat bekanntlich die Erinnerung an diese Zeit die Gemüter in Deutschland und in gewissem Sinne die ganze Politik und das ganze Politisieren unseres Landes beherrscht: in den Älteren brannte noch der Haß, die Jüngeren überschätzten, unter dem Einfluß der älteren Generation, die Macht der Franzosen, und auch Cato und die Römer werden geneigt gewesen sein, die Macht der Karthager zu überschätzen. Wie groß oder gering aber noch die Furcht vor Karthago gewesen sein mag: den Haß gegen den punischen Namen hatten die 50 Jahre nicht verringert, und dies spiegelt sich deutlich in jener bekannten Anekdote, daß Cato jeder Rede im Senat, sie mochte betreffen, was sie wollte, zum Schluß einen Antrag auf Karthagos Zerstörung angefügt habe — so unmöglich, ja albern auch die Erzählung in dieser Form sein mag und so wenig ihr Wortlaut, das berühmte Caeterum censeo eine Gewähr aus dem Altertum selbst hat. Es wird hinzugefügt, daß dieser Fanatismus sich gesteigert habe, als im Jahre 157 Cato — ein hoher Siebziger und kein Freund von Seereisen — als Mitglied einer Gesandtschaft, welche die Streitpunkte zwischen der Stadt und dem Numidierkönig auszumachen gehabt hätte, selbst nach Karthago gekommen sei und sich dort von der Unerschöpflichkeit ihrer Hülfsquellen unterrichtet habe, gleich als wenn die Römer über diese Machtmittel nicht längst hinlänglich unterrichtet gewesen wären.

Es wird die faſt kindiſche Anekdote hinzugefügt, daß er im Senat ein paar noch friſche Feigen, die er auf karthagiſchem Gebiet gepflückt hätte, vorgewieſen und damit die Nähe der gefährlichen Gegnerin vordemonſtriert habe — gleich als wenn man in Rom nicht ſeit verſchiedenen Jahrhunderten ſehr genau gewußt hätte, in wieviel Zeit man von der einen Stadt nach der andern gelangen konnte: ſie macht in der That die ganze Geſandtſchaft verdächtig, die auch keineswegs gut bezeugt iſt. Aber daß er zum Kriege trieb, läßt ſich nicht bezweifeln. Eine Stelle aus einer Rede, die wir bei einem ſpäteren Rhetor, Julius Victor, leſen, ſcheint echt, wenn ſie auch nur das blinde Vorurteil des Greiſes, der im Jahre 150 noch ebenſo urteilte, wie 60 Jahre früher, beweiſt. „Die Karthager ſtehen euch ſchon als Feinde gegenüber: denn wer alles gegen mich rüſtet, damit er mir, zu welcher Zeit er will, den Krieg ins Land tragen kann, der iſt mein Feind, auch wenn er noch nicht mit den Waffen operiert."

Die andere Partei, deren bedeutendſter Vertreter ein Scipio, P. Cornelius Scipio Naſika war, folgte den beſſern Traditionen des großen Scipio, der ſchon den unwürdigen gleichſam perſönlichen Krieg, den die römiſche Nation gegen Hannibal führte, gemißbilligt hatte. Sie ging von dem Gedanken aus, den Cato ſelbſt, wie wir geſehen, in ſeiner Rede für die Rhodier deutlich ausgeſprochen hatte: dieſe, wie die andern Völker, hätten einen allzu vollſtändigen Sieg Roms gefürchtet, weil ſie der Anſicht geweſen ſeien, daß, wenn niemand mehr da wäre, den die Römer zu fürchten hätten, dieſe dann geneigt ſein würden, ſich alles zu erlauben — nur daß ſie dem Gedanken die Wendung auf das eigene Volk gaben: ſie fürchteten für deſſen eigene gute Sitte und geſunde Kräfte, wenn es gar niemand mehr zu fürchten, keinerlei Rückſicht mehr zu nehmen brauchte. Weiter aber ſind wir über den Gedankengang dieſer Männer nicht unterrichtet; genug, daß ſie eine Löſung der Frage möglich glaubten, bei der die Stadt, einer der großen Kulturmittelpunkte der damaligen Welt, aufrecht geblieben wäre.

Den Sieg nun trug, wie bekannt, zunächſt eine mittlere Anſicht davon: das Volk zwar zu ſchonen, die Stadt aber an ihrer jetzigen Stelle zu vernichten, und die Wiederaufrichtung nur in einer Entfernung von 80 Stadien, 2 deutſchen Meilen vom Meere entfernt, zu geſtatten: Freiheit, Eigentum und Gebiet ſollte ihnen verbleiben, was denn immerhin ein Fortſchritt gegenüber den Zeiten der Babylonier und Aſſyrer war. Was auf dem alten Platze, anſtelle der zerſtörten Stadt, aufgerichtet oder angeordnet werden ſollte, davon verlautet nichts: in jedem Falle würde Rom dort eine ſtarke militäriſche Poſition begründet — es würde den Schlüſſel Libyens, die Stellung am tuneſiſchen Golf, an ſich genommen haben.

Daß diese Execution, selbst wenn die Karthager sich ihr gefügt hätten, nur mit einer starken Heeresmacht und unter deren Aufsicht und Gegenwart ausgeführt werden konnte, ist klar: es ward also im Princip den Karthagern der Krieg erklärt, den sie nur durch Unterwerfung unter jenen furchtbaren Beschluß abwenden konnten. Wie die Ausführung der Maßregel, die mit Entwaffnung der Stadt beginnen mußte und schon begonnen hatte, zu dem Verzweiflungskampfe und ruhmvollen Untergang der großen Phöniciersstadt geführt hat, ist eine der großen Tragödien der Menschengeschichte, die uns hier nicht weiter beschäftigen darf: den Beschluß des Senats, welcher das Zerstörungswerk einleitete, hat Cato noch erlebt, den Zerstörungskrieg selbst nicht mehr: 149 v. Chr., 605 der Stadt, starb er, 85jährig. Hier, in dieser Frage, verblendete ihn Haß und Leidenschaft: seine letzte Rede aber, die er im gleichen Jahre hielt und noch Zeit fand in sein Geschichtswerk einzutragen, beweist doch, daß er im übrigen ein gerechtes und honettes Verfahren unterworfenen und selbst feindlichen Völkern gegenüber verlangte. „Vieles hätte mich abgemahnt, hier zu erscheinen, meine Jahre, mein Alter, meine Stimme, meine Kräfte, mein Greisentum: aber da ich sah, daß es sich hier um eine wichtige Sache handle" — so begann die Anklagerede des 85jährigen gegen den Proprätor Servilius Sulpicius Galba, der in der jenseitigen hispanischen Provinz ein lusitanisches Heer auf eine niederträchtige Weise überlistet und betrogen hatte.

„Mit dem menschlichen Leben ist es fast wie mit dem Eisen. Nimmt man es in Gebrauch, so wird es zerrieben; nimmt mans nicht in Gebrauch, so tötet es der Rost gleichwohl. Und so sehen wir die Menschen, wenn sie geschäftig sich umtreiben, reibt sie die Thätigkeit auf; treibt man aber gar nichts, so schädigt sie Trägheit und stumpfes Dahinleben mehr als geschäftige Thätigkeit." Mit diesen Worten zieht Cato die Summe dessen, was er an sich und andern erfahren. Er seinerseits sorgte dafür, daß ihm das Leben nicht in Rost und Fäulnis der Trägheit und eitlen Genießens verkam: mehr als 80 Jahre gingen ihm in fleißiger und vielseitiger Arbeit dahin, ehe seine Lebenskraft sich erschöpft hatte. Man wird nicht sagen können, daß er bei dieser unermüdlichen „Übung" wie er es nennt, unter dem Einfluß einer besonderen Leidenschaft — des Ehrgeizes etwa, der Sucht des Erwerbs, oder einer übergewaltigen politischen oder religiösen Idee — gestanden hätte: es war seine natürliche Art; er gehörte zu den Menschen, die nicht müßig sein können, und in diesem einen zum mindesten trifft er allerdings mit jenem königlichen Jüngling Alexandros zusammen, der sonst in allen Stücken einen Gegensatz zu ihm bildete, und nur darum mit ihm zusammen genannt werden kann, weil beider Gedächtnis unter den Menschen nicht erloschen ist, sondern in dem weiten Kreise aller derer, welche geschichtliche Bildung hochhalten, fortlebt und fortwirkt.

Verschiedenartig sind die Ruhmeskränze, welche die Geschichte zu verteilen hat. Mächtig drängen sich dem Gedächtnis der Menschen die Männer auf, welche man vorzugsweise die Großen nennt — diejenigen unsres Geschlechts, die so viel mehr als die gewöhnliche Menge, auch der Tüchtigen und Thätigen, geleistet haben, daß der gewöhnliche Maßstab, mit dem wir menschliches Wirken zu messen pflegen, nicht ausreicht, und an die Stelle der Erklärung und Beurteilung das Staunen und die Bewunderung tritt. Unter ihnen nimmt Alexander einen sehr hervorragenden Platz ein — die ungeheuren Thaten und Erfolge stehen in gar keinem Verhältnisse zu der Kürze der Lebenszeit, die ihm gegönnt war. Nicht die kriegerische Seite ist die Hauptsache an diesen Thaten: große, rasche Eroberungen haben viele andere gemacht: das Imposante ist der Gedanke, diese mit den Waffen eroberten Länderstrecken als ein Reich zu regieren — eine Staatsordnung aufzurichten vom Indus bis zum adriatischen Meere, vom Nil bis zum Jaxartes, ein ungeheures Arbeitsfeld für die überlegene hellenische Kultur, der er selbst seine höhere Kraft und Einsicht verdankte. Ob es ihm, bei längerem Leben, seinem ganz außergewöhnlichen Organisations- und Regierungstalent gelungen wäre, eine solche einheitliche Staatsordnung aufzurichten nicht allein, sondern zu erhalten und für längere Dauer zu sichern, ist müßig zu fragen. Sie zerfiel mit seinem Tode: aber der große Gedanke seines Lebens blieb gleichwohl siegreich: die höhere, auf Freiheit gegründete Gesittung, welche das hellenische Volk geschaffen, breitete sich über den ganzen Länderraum aus und senkte überall zahllose neue Keime in den Boden. Jene Gesittung wurde in der alten hellenischen Welt als ein Privilegium, als ein sehr aristokratisches Vorrecht und Besitztum dieses ihres Volkes betrachtet und gehütet: „der Barbar ist von Natur Sklave", sagte Alexanders Lehrer, der große griechische Philosoph, und wir gewahren bei ihm keinen Versuch, diesen barbarischen Gedanken, der jeden Nichthellenen von der Welt der Freiheit ausschloß, innerlich zu überwinden. Bei andern allerdings regte sich ein solcher Gedanke: Isokrates, sein Zeitgenosse, spricht es aus, daß der Name Hellenen nicht mehr die physische Abstammung, sondern eine Idee ausdrücke: „er bezeichnet mehr diejenigen, welche an unserer Bildung teil haben, als diejenigen, welche gleichen Stammes mit uns sind." Diesen Gedanken, welcher im Keime die Idee des genus humanum, der Menschheit im ethischen Sinne enthält, hat Alexanders Schwert die Bahn gebrochen, und mehr als dies, er hat ihn selbst gedacht, und mit seiner Verwirklichung begonnen.

Dies ist der Ruhm der Genialen, der Hochbegabungen oder vielmehr der ganz wenigen Auserwählten, bei denen zu der Hochbegabung auch die hohe und wirksame Stellung, in Kraft deren sie den Gedanken in That umsetzen können, hinzutritt: ein Geschenk des Zufalls oder vielmehr wahrer ausgedrückt, eine Fügung der Vorsehung, einer höheren Weltordnung, die wir im Gange der Menschengeschichte ahnend verehren. Anders, sehr anders ist der Ruhm, den die Geschichte — die Erinnerung an menschliches Verdienst, welche das Gedächtnis der Völker festhält — Männern wie Cato reicht, die, was alle thun können oder könnten, auf besondere energische eigentümliche Art thun, — die nicht über ihrem Volke, sondern mitten in ihrem Volke stehen. Er war ein Mann, nicht von glänzender, sondern nur von tüchtiger Begabung; kein bahnbrechender Genius im Dienst einer zukunftsreichen Idee; vielmehr ein eigensinniger Verfechter des Alten, des Hergebrachten, Tüchtigen, Hausbackenen, Gewöhnlichen: seinem Volke, seiner Zeit, seiner Gesellschaft mit allen ihren Beschränktheiten, mit vielen ihrer Vorurteile, auch mit einigen ihrer sittlichen Gebrechen verhaftet. Aber eines haben solche Männer, indem sie, nicht in herrschender sondern in dienender Stellung, einem Vaterlande und einfachen sittlichen Grundsätzen getreu, ihren mühsamen Weg im Kampfe mit den Widerwärtigkeiten des Lebens sich bahnen und zu Ende gehen, vor jenen Hochbegabungen voraus: sie geben den Vielen, den Gewöhnlichen, zu denen sie selbst gehören, das Beispiel energischer Erfüllung der Pflichten, welche zu allen Zeiten doch wesentlich dieselben sind. Sie stehen uns näher, als jene providentiellen Männer, von denen Aristoteles sagt, daß kein Gesetz sie binde, weil sie selber das Gesetz seien, und in gewissem Sinne bieten sie uns mehr als diese. Noch spricht man, nach 2000 Jahren, von catonischer Strenge und catonischem Ernst, und ganz ohne Frucht wird die Betrachtung eines solchen Mannes niemals sein, der, ein Charakter im hohen Sinne, den vaterländischen Boden gegen einen furchtbaren Feind, und die vaterländische Sitte gegen die andringende Flut der Neuerung und der Verderbnis verteidigen half, und der, woran unsere Zeit vor allem gemahnt werden muß, das, was er als die gute Sache erkannt hatte, herb und einseitig, aber folgerichtig und ohne feiges Rücksichtnehmen, ohne Menschengefälligkeit, und vor allem ohne Menschenfurcht vertrat.